知財
スペシャリストが
伝授する
交渉術

喧嘩の作法

久慈直登

ウェッジ

はじめに

世界の産業競争はフェアプレーばかりではない。企業の活動の目的は収益を上げることなので、直接それを狙うためには賄賂を使って市場に参入することもあれば、水面下でライバルの足を引っ張ることも平気でする。ライバル企業のやり方がずるいと思っても、法律違反にならない限り、こちら側からは手の出しようがない。

そのような中で知財は、産業競争において直接相手に行使できる唯一の武器である。知財の権利行使により、相手の企業活動自体を止めることまでできる。知財以外にそのように強烈な制度はない。

武器であるということは、十分に使いこなすには相当な訓練と指導が必要ということでもある。知財制度を理論的に解釈し説明する学術的な論文は多いが、武器として使うには実戦での生の感覚を知っておくほうがいい。というのも、刻々と変化する状況に対応して、次々に手を打っていかなければならないからである。知財部門は戦術的に知財という武器を使うための組織だが、企業として戦略的に知財を考えるのは経営者の仕事である。戦略がなければ、知財部門は単に武器をコツコツと地道に作り上げる、つまり出願を繰り返すだけで、できた武器は倉庫で眠るばかりになる。

知財の使い方は21世紀に入り、激的に変化した。

１９５０年から２０００年までの半世紀は、日本企業が順調に成長して世界でシェアを伸ばした時代であり、その間の日本企業の知財活動は出願を繰り返すことが中心で、変化は緩やかだった。

激変のきっかけになった事実は、大きくふたつある。

ひとつめは、20世紀においては日米欧の企業だけが知財の世界でのメインプレーヤーであったのに対し、21世紀に入ってからは新興国企業が同じステージに続々と上がり、グローバル産業競争にチャレンジし始めたことである。

ふたつめは、知財の仕事が知財専門家による仕事という完結したスモールワールドであったのに対し、金融、税務、情報、環境、健康など他分野の専門家たちが大挙して知財の世界に参入してきたことである。

いずれも21世紀に入ってからの14～5年ほどの間に急速に起きたことである。もし日常業務に追われ、世界を見ることがおろそかになっていれば、経営者も知財部門もこのふたつの変化に気づくことが少なく、21世紀に行っていたやり方と同様に機械的に日本特許出願を繰り返すことが続いてしまう。日本に住んでいると日本の情報が考え方の中心になってしまうため、意識して世界の変化に敏感にならなければならない。変化した状況に合わない仕事の仕方を繰り返すのは効果が少ないだけではなく、マイナスにも作用する。

20世紀においても、知的財産は重要なものと認識されていた。しかしその重要性が社内において共通認識されていたかというと、そうではない。よくわからない特殊専門分野として、社内では専門家に任せておけばいいというのが、一般的な認識だった。

それは、日常的な言語とは異質に感じる文章の特許明細書は読んでもなかなか理解できないことや、特許制度に対する違和感や基本的な疑問もあるかもしれない。

人間の思考はみな同じように進化するが、世界中で同じような研究開発をしているときに1日先に出願手続きをした者が20年間の長きにわたって独占できる制度は、はたして現在の世界の状況に合っているのか。

さらに特許は、それぞれがきわめて個性的であることが、とらえどころのなさに拍車をかける。特許の価値の不確定さは、1件の特許で世界制覇できる医薬品もあれば、数千件の特許によっても守ることのできない電気製品もある。超巨大な権利と塵のように小さな権利。それがひとつの特許制度の下で混在している。

今、知財の使い方は知財の専門家だけが考えるものではなく、全社をあげて考えなければならない。なぜなら、知財は産業競争で直接使える唯一の武器だからである。

本書は、月刊誌「Ｗｅｄｇｅ」に２０１２年10月号から２０１４年6月号まで連載した「喧嘩の作法」からいくつかを引用しつつ、私がホンダの知財部に在籍していたときに、どのように知財を行使したのか、わかりやすく書いたものである。

ホンダでの経験談は、実際にあったことを企業の秘密にあたらない範囲で記述している。また本書は学術論文として書くものではなく、ビジネスにおける知財の使い方はどういうものか、生の感覚を伝えることを目的としている。したがって、知財で実戦を行っている現場の方と同様に、知財の機能を使いこなしたいと考えている企業経営者の方たちに読んでもらうことを意識して書いた。

皆さんの会社で知財をこれからどのように使っていくのか、本書がいささかでも参考になれば幸いである。

知財スペシャリストが伝授する交渉術　喧嘩の作法

目次

第1章 知財活動スタート

第2章 出願戦略

第3章 権利行使

第4章 パテントトロールと異分野からの参入

第5章 ノウハウの防衛

第6章 ブランドマネジメント

第7章 国家間知財競争

第8章 未来へ

本書は、月刊誌「Ｗｅｄｇｅ」に連載されていた「喧嘩の作法」（２０１２年10月号〜２０１４年６月号）をもとに、加筆・修正したものです。

第1章

知財活動スタート

知財は直接使える唯一の武器

勝てるか勝てないかは使い方次第

企業活動には様々なやり方があり、知財の使い方は業種によって全く違う。さらに同じ業種でも、技術をもって勝負する企業なのか、営業に強みを持つ企業なのかによって知財の重みが違う。さらにトップに位置して万遍なく事業を守ろうとするのか、それともチャレンジャーとして特徴的な強い技術を志向するのかによっても、知財の使い方は違う。

どういう業種の企業であっても、経営者にとって知財の使い方を理解することは重要である。企業競争で、広告宣伝や価格はライバルとの比較で優位性を印象づける間接的な手段だが、知財だけは直接相手の差し止めができる唯一の手段である。

とはいえ、経営者は個々の特許権の登録手続きの詳細などは知る必要がない。それは、手続きを担当する専門家に任せればいい。知っておく必要があるのは、それぞれのビジネスにおいて、知財の効果的な使い方はどのようなものかである。

使い方として、戦国時代の桶狭間の戦いを例にとって考えてみたい。今川義元の軍勢約2万人に対して、織田信長の部隊は約2000人と、少数で戦って勝利をおさめた。しかし、これを今川軍の本陣で見ると200人でしかなく、その領域に投入された織田軍の人数のほうが集中投入されているために、圧倒的に多くなっている。特定の重要な領域における戦力の集中投入は、勝つための鉄則である。

知財の使い方も同じで、これぞという領域に知財を集中投入し、実際に権利を行使して威力を示すことが効果的な使い方のひとつである。知財をこのように使って勝利を得たビジネスの例は、世界に多い。

本田宗一郎の知財語録

ホンダは創業時からずっとチャレンジャーの姿勢をとり続けていることもあり、歴代の経営者にとって知財は得意分野である。本田宗一郎さん自身も知財についての見識が高く、多くの発言が記録されている。

例えば「困ったとき、苦しいときの知恵が尊い。発明する条件で一番いいのが苦しむこと、経験すること。苦しむほど他人から見ればわずかな発明でも、自分にはどれだけ栄誉か」という発言は、自らの発明者としての実際の経験によるものだが、技術者たちへの発明創出の励ましのメッセージとして、これに優るものはないだろう。

「特定課題を解決するために、駄目だと言ってしまわないで、とことんやってみて本当に駄目な理由が明確になるまで、テストや研究を続けろ。途中で研究を投げ出すな。途中であきらめるな。空理空論で物事を考えるな。駄目な理由ばかり並べないで知恵を使え」とも言っている。ホンダの社員は本田さんの言葉を研修や上司の話などで繰り返し聞かされてもいるので、それが当然と思うようになる。

また、本田さんは他人の権利を尊重する姿勢がきわめて強く、他人の権利を侵害することを許さない人でもあった。

あるとき、工作機械でスイスの企業の特許を侵害していることが明らかになった。3台である。私なら、生産設備で他社の特許を侵害しても、彼らは立ち入り検査をする権限などないのだから、絶対に発見されない、したがって無視する、という判断をするかもしれない。しかし本田さんは「たった3台でも他人の権利を侵害することは許さない」と断言している。

数年前にある経営学の教授が中国で行ったセミナーで「日本企業も戦後は知財の侵害ばかりしていた。ホンダも欧米のオートバイの真似をしていた」と発言したそうだが、それは間違いである。戦後の日本には150社以上のオートバイの会社があったが、独自技術を自ら作り上げた企業が今に至るまで生き延びて大きくなり、真似をしただけの企業はきれいに淘汰された。そのことを中国企業に伝えるべきだった。

「権利は金をかけてでも、裁判してでも、主張しろ！」という発言もある。これにより、知財を保有するならそれは使われなければならない、というホンダの強い知財ポリシーが生まれる。実際にホンダが原告として行った知財訴訟は、他の企業と比較して圧倒的に多い。常時100件以上の原告裁判である。訴えを提起してすぐに和解取り下げというケースもあるので、常時100件以上というのは製造企業では2000年代に世界で最も多い数字だった。

本田さんの発言は、社内で本田さんの知財の発言集としてまとめられている。

本田さんの1971年の言葉。「たゆまず積み上げた独自の技術をベースとして、初めて開発されたということ。これら自らの手で創り出した技術を駆使することによって、見せかけでない、誇りある繁栄ができるのだと確信します」

オープンイノベーションとして、世界中の研究者との連携も有効な研究開発の手法だが、それだけでは他人の知恵に依存してばかりで、自らの目指す技術を自分自身では創り出せない、いわば技術ブローカーでしかない。日本企業が自らの手でコア技術を研究開発し、その範囲の知財を集中的に強化し、そこで勝負をする、つまり権利行使により威力を示すことによって、誇りある繁栄を続けることができるのである。

スーパーカブのデザイン

意匠権の強さ

知財は企業間競争で使用が許される直接的な武器である以上、使用の巧拙がビジネスの結果に大きな影響を及ぼす。うまく使用した成功体験があれば、それは企業の伝統にもなり、ますます巧みになる。

ホンダとしての成功の第1号と言えるのは、スーパーカブの意匠権侵害訴訟での勝利である。

スーパーカブは1958年に日本で発売され、翌年に米国に輸出、その後東南アジアに輸出され、数年のうちに世界を席巻した。日本での発売から8年後、ホンダはスーパーカブ意匠権侵害訴訟を起こす。相手はヤマハとスズキである。

この訴訟は1973年5月25日に東京地裁から判決が出され、被告の得た利益が21億6194万円あり、それが原告の損害であるとして、その内の7億6100万円を賠償金としてホンダに支払えという内容になっている。

この金額は、１９９８年に胃腸薬の特許侵害訴訟で25億６０００万円という賠償額が出るまでの25年間、日本の知財訴訟上の最高額の記録であり続けた。１件の意匠権も武器として使えば、これだけの効果をもたらす。意匠権の強力さは、アップルのサムスンへの意匠権侵害訴訟を待つまでもなく、日本に先駆的な世界レベルでの事例があったのである。

ちなみにサムスンはアップルの意匠権を侵害したということで、１０００億円の賠償という負け方をしている。痛い目に遭えばその部分を強化するのは当然で、韓国国内の意匠権出願は２０１２年では6万件を超えている。これは日本全体で3万件であることと比較すると、業種も企業数も少ない韓国企業の意匠権出願件数の異常な多さは、よほど意匠権で懲りたということだろう。その反面の教訓として、日本企業はもっと意匠権に力を入れなければならないことになる。敵がどう動くかにより、こちらの対応を変化させるのは当たり前のことである。

デザインの大切さ

ホンダは、早いうちにデザインの大切さとそれを保護する意匠権の重要性に気がついた会社である。本田さん自身が絵描きであると同時に、高沢圭一という画家が初期のホンダデザインを手がけ、世界の工業デザインの流れとは全く違う独自デザインの系譜を作った。ホンダのオートバイの事業ブランドである羽根のマークのスタートは、彼のデザインである。高沢画伯はのちに絵の世界で高く評価される。和服の女性を中心とする人物画を多く描いた画家で、着物の後ろ姿の帯の描写など直線と曲線の表現は絶妙であり、日本よりもヨーロッパで高く評価された。

本田さんの1951年の言葉。「オートバイにもやはり姿がある。……私は上品で端正で、少し色気のある姿が好きだ。……実用価値の上に芸術的価値を併せ備えたとき、初めて完全な商品になるのである。……科学者の智恵と芸術家の感覚を併せ持たなければならない」

そうした本田さんの考え方が結晶した製品が、1958年8月に発売されたスーパーカブである。当時の世界のオートバイのデザインは、エンジンむき出しの黒い骨張ったもので、2サイクルエンジンの騒音と排気ガスをまき散らすネガティブな印象のものだったが、なめらかな樹脂のフロントカバー、フェンダー、サイドカバーによって全体のデザインイメージとし、4サイクルの静かなエンジンを搭載したスーパーカブはあっという間に全世界を席巻した。これまで160ヵ国で8700万台以上を販売している。自動車や二輪車の一機種での販売数としては、断トツの世界一である。

現在まで、スーパーカブのデザインは変更していない。しかし、意匠権の存続は出願から20年で、2007年4月以前は15年間でしかない。これは、存続期間が切れたら真似をされても対応できないということでもある。

医薬品の特許の存続期間が切れると途端にジェネリック医薬品が大量に市場に出てきて、先発メーカーの収益が急激に悪化するのと同じ現象が起きるが、こういう場合に真似をどうやって防ぐかが知財の専門家に求められる腕の見せ所である。それは国内外で意匠権だけではなく、図面や写真などを利用しての著作権の主張や、立体商標としての保護、不正競争防止法による保護などあらゆる可能性の探究である。ホンダでは、たとえ意匠権がなくても、他の法律による権利の主張を常に考えていた。

自動車のデザイン

愛着が持てるかどうか

自動車にとってデザインは、きわめて重要である。ユーザーが自動車を購入するときの動機は、コスト、デザイン、性能のいずれかであり、気に入るかどうかはデザインによってである。なぜ、自動車ではデザインがそれほど重要であるのか。

自動車は移動手段として馬などの動物に代わるような存在で、愛着を持てるかどうかは、デザインによるところが大きい。これは、車のデザインを見るときに、生き物をイメージするとわかりやすい。車のフロントフェイスは顔であり、車体は鉄板でできているとしても皮膚である。木の枝など何かに少し触れただけでも傷つく。そのような生き物がどこか遠くに連れて行ってくれて、無事に一緒に帰ってくれるという具合だ。

例えば、ホンダシビックはイルカをコンセプトとしてデザインをすることが多いが、そのコンセプトから、賢くてフレンドリーな顔と丸みをおびた背中と水を切るなめらかな肌というイメージを採用することになる。そうしたことを感じとる敏感なユーザーは多い。

自動車のデザインというものは、民族の好みがわりとはっきりするようである。

各国の都市の風景を背景として置いてみると、各国でおさまりのいいデザインというものがある。日本食に日本酒が合うような感覚だが、日本人はイギリス、フランスのデザインよりもドイツ、イタリアのデザインを好む傾向がありそうである。

ということで、私もイタリアのトリノにある自動車のデザイン会社に訪問することが非常に多く、30代の頃は毎年イタリアに出張し、デザイン会社と打ち合わせをしていた。私は高校と大学で美術部にいたのでデザインについては個人的な興味もあり、ベルトーネ、ミケロッティ、ピニンファリーナなど高名なカーデザイナーたちとの打ち合わせは、彼らの感性に触れることのできるワクワクする仕事だった。

特に、ピニンファリーナはフェラーリのデザインをずっと手がけているデザイン会社であり、ホンダシティカブリオレなど実際にホンダとピニンファリーナが共同で開発して世に出した車もあるように、ホンダとは非常に親密な仲だった。

モデルチェンジの難しさ

モデルチェンジをしても、前の世代のデザインコンセプトを踏襲するのが一般的である。イルカのイメージのデザインは次の代でもイルカであり、いきなりサメのデザインに変わったりはしない。とはいえ、先代の自動車と似すぎる場合は問題が生じる。新世代のイルカの意匠出願をしても前世代のイルカに似ている、つまり新しくないという理由で意匠出願が登録にならなくなることがあるのだ。モデルチェンジをしたあとに、厳密に新しさを審査されると、拒絶されることが起こりうるのである。

こうなると、ブランド力があってイメージを継続したいデザインの意匠出願には相当テクニックがいる。例えば、スーパーカブは発売から50年以上も同じデザインなのでブランドそのものになっているが、意匠権の有効期間である20年でおしまいというのでは、企業活動にとっては困るのである。この場合、意匠制度は限界があると言わなければならない。

ブランドを守るための知財戦略というのは、知財制度の制約を超える工夫がいる。

例えば、ほんの少し変えたデザインで新しい意匠出願をする。著作権も利用する。著作権は審査を経ないから権利としては弱いところもあるが、少なくとも著作権侵害の訴訟を仕掛けるのは世界中どこでも可能で、脅しをかけて和解する手段としては、使い勝手がいい。著作権裁判で最後までいっても勝ち負けは半々というところなので、途中で裁判をやめることを前提にして使うのである。

立体商標の登場

1990年代から世界中で認められ始めた、立体商標という手もある。日本の知財制度は全般にきわめて保守的で、音や匂いや画像イメージのような新しい商標の類型をなかなか認めてこなかった。ホンダの知財部の中でも、当初日本でスーパーカブのデザインを立体商標として出願しても審査ではねられ、登録になるはずがない、という否定的な意見がずっと強かった。しかし、時代は変化する。立体商標が認められる事例が多くなってきたタイミングで出願し、結果として自動車のデザインでは初めて立体商標として2014年に登録になった。立体商標ならば、スーパーカブのデザインは権利として永続的に保護できる。

日米欧の自動車会社は、各社のブランドイメージとしてのデザインがある程度確立している。そのため、意匠出願をしなくても、他社の車に似たデザインをしようものなら街中を走っていると指をさされて笑われる結果にもなった。世界の自動車会社において本来重要なはずの意匠出願が少なかったのは、そうした理由である。

しかし、新興国企業のコピー車がその状況を一変させた。

中国のモーターショーでは、まだ自力で新車デザインのできない中国企業により、日米欧の自動車会社のコピー車があふれるように展示されている。その対策として、日米欧の自動車会社は意匠出願をし、権利行使をし始める。自動車会社の中には、権利行使に積極的な会社と、そうでない会社がある。積極的でない会社は、いいように真似をされている。真似をしても何も言ってこなければ舐められる、という現象が起きている。それなら、権利行使をしなければどうかしているだろう。

F1レースと知財

基本的な戦略

F1レースに関連する知財の検討課題は、ふたつある。

まず、最先端の技術を扱うときにこれらの技術を出願するかどうかである。その答えは単純に、F1レースの争いの場のために権利確保をすることは不要というものである。理由は他チームの技術を見学することなどなく、車体やエンジンを見せ合うこともあり得ないからである。したがって、出願は市販車に同じ技術を使う想定をするときにのみ行う。

この考え方を一般的な課題として見ると、相手の侵害を摘発できない場合には、逆に相手もこちらの侵害を摘発できないため、その場合には特許出願をする必要はないということである。工場の製造技術や研究開発の方法などは、それに当てはまるものが多い。摘発できないときには出願しないでおくというのは、基本的な戦略になる。

もうひとつの課題は、人の移動による秘密情報の防衛である。F1チームは頻繁に技術者が転職する。F1の技術者はフリーランスの人が多く、チームを転々として名を揚げる。移動が当然の組織では、そういう人たちがアクセスできる技術の範囲を限定しておかなければならない。もっともF1の技術者には専門分野の職人が多く、他の技術領域にあまり関心を示さない。むしろホンダの社員が他のF1チームに転職する場合のほうが、技術全体を知っているから問題である。実際に、主要な技術者の一人がライバルチームに転職するという事態が発生した。法務全般を担当していた私への厳命は、ホンダの秘密情報を絶対に漏らさせるなというものだった。連戦連勝の技術を、やすやすととられてはならない。

一般的には、退職時の秘密保持誓約書を厳しく書くことになる。しかし、いくら法律的な文章で詳しく書いたとしても役に立たないだろうというのが、現場の感覚である。秘密を守らなければならないという概念的なものでしかないため、言われる当人もどこまでが秘密かわからないからである。

そこで考えついたのは、技術範囲を具体的に表現して特定し、これはホンダのものなので駄目だとはっきりさせることだった。逆に、彼にとっては書かれていない技術は、大手を振って使うことができる。これなら合理的だろう。明確に線引きをするというこの手法は、その後の本田技術研究所で重要な技術者が退職するときに使われるようになった。

F－チームでの仕事

私は本田技術研究所にいるときには技術法務全般が担当だったが、1978年のある日、エンジン開発部門のマネージャーから至急レース参戦契約を作成してほしい、との依頼があった。それが、私がF1レースに関与した最初の日だった。本田技術研究所は、研究開発に専念する会社として構成されているため管理部門を最小限にしており、知財部門があらゆる法務問題の対応もしている。

ホンダは1968年にそれまでの5年間行ってきたF1レース活動を休止し、低公害エンジンの開発に全力を挙げて取り組んでいたが、CVCCエンジンの完成をもって一段落し、やや余力が生まれていた。もとよりレースのワクワク感を味わいたいという気分は、社内にいつも充満している会社である。しかし、休止後の10年間のブランクを考えると、いきなりF1レースに参戦するのではなく、ステップアップとしてまずF2レースから入ることがウオーミングアップとしてちょうどいい。それも、以前のようにホンダだけで車体とエンジンのすべてを製造して参戦するフルワークスではなく、ホンダはエンジンのみ製造し、車体メーカーに供給するエンジンサプライヤという方法をとる。

そうなると契約としては、レース中のトラブルの場合の処理や責任問題など様々な条件を考慮したものを用意しなければならない。エンジンを供給するだけなら部品会社にすぎず、供給すれば終わりだが、ホンダはその先のレース全体をコントロールしたい。つまり、ドライバーの選定や雇用も含めて、ホンダが主体となってレースを運営したい。

至急レース参戦契約を作成してくれと言われても、インターネットで契約サンプルを一発で検索できるような時代ではない。ともあれ夜中までかかって契約案を作成した。そういう仕事のスピードも、レースの一部である。

チャレンジしやすいホンダの社風

F1レースはもともとF3→F2→F1とステップアップし、その順にレベルが高くなる。F1レースが最高峰と言われるのはそういう意味だが、結局ホンダはF2レース参戦2年目にはもうその年のF2シリーズ選手権を制覇してしまい、その2年後の1983年にはF1レースに復帰し、翌年のアメリカ・ダラスGPでは早くも優勝してしまった。

その頃には最初にレースに関与した日からすでに5年以上が過ぎており、レース関連の契約の経験も知識も増え、押さえどころもわかるようになっていた。まだ30代前半の若い社員に重要な案件を任せてくれるのが、ホンダの良き伝統でもある。失敗して役員に謝りに行っても「結果は失敗でも、途中やっていて楽しかっただろう。それでいいんだ」というような慰められ方をする。そう言われると萎縮することなく、次はもっとチャレンジして楽しんでやろうという気分になる。

ホンダのF1レースは、1983年から1992年までの10年間が、参戦第2ラウンドである。その間、なんと69回も優勝している。優勝を重ねた理由は、天才ドライバーのアイルトン・セナの素晴らしいドライビングもあるが、技術的要因として大きいのは、電子制御燃料噴射システムと、走行中のエンジンや車体のデータをデジタル処理し基地に送信するテレメトリーシステムのふたつである。このふたつともF1レースにホンダが最初に導入した技術であり、これらを有するホンダに他のチームはよほど運が良くなければ勝てるものではなかった。

最も輝かしい結果を残したレースは1987年のイギリスGPで、ホンダエンジンを積んで出場した4台の車が、1位から4位までを占め、圧倒的だった。私もちょうどその日のシルバーストーンサーキットにいた。レーススタート前にはスピットファイア戦闘機のアクロバット飛行のパフォーマンスが観客を楽しませてくれて、レースが始まるとホンダエンジンは常にトップを譲らずに走り、フィニッシュでマンセル、ピケ、セナ、中嶋が目の前のゴールを次々に駆け抜けた。

知財の三位一体、本来の意味

三つの情報の組み合わせ

三位一体という言葉が知財の世界でもよく使われるが、これには確立された定義があるものではない。私はこう考えている。

まず、技術情報として理想的な技術はどういうもので、いつの時点でどの程度まで達成するかを想定する。次に、知財情報は過去の出願の一定の状況を示すだけだが、これを将来のそれぞれの時期に対象技術の競争力がどうなっているか予測する情報として加工する。さらに市場では、どのレベルの商品が受け入れられているかという実際の営業情報を、各国の経済成長や政策などを考慮して、将来どうなっているか予測する。

これらの三つの情報を組み合わせてみることにより、自社がある技術に対して今後どのように投資し、要員を増強するかの判断ができることになり、企業にとって非常に有効な情報になる。遅い場合は論外だが、市場投入のタイミングのずれた投資や特許出願は役に立たないので、三つの情報の組み合わせは経営判断においては非常に役に立つ。

このようなことを２００２年に経済産業省が主催した「産業競争力と知財を考える研究会」の準備会合で話したとき、出席者の一人が「それは三位一体ですね」と応じた。私は三位一体という言葉の意味をよく理解せず、キリスト教の用語を語呂合わせで使うというぐらいにしか思わなかったので「うーむ」と曖昧な返事をしただけだった。ちょうど当時の日本では、２００１年の聖域なき構造改革の一環として、国と地方公共団体の行財政システムに関する三つの改革を「三位一体の改革」と言っていた頃のことでもあった。

しかし、三位一体という日本語訳になっているＴＲＩＮＩＴＹという英単語は、もともとは三つの要素を組み合わせることにより、非常に効果を発揮することを表現する言葉である。その意味で、情報の組み合わせにより効果を発揮させるときに使う言葉としては適確な表現であることに、あとになって辞書を調べてみてようやくわかった。

そういうことで、私は知財分野で最初に三位一体というコンセプトを使った栄冠、というほどでもないが、を担うことはできなかったが、その準備会合の１ヶ月後、経済産業省から「企業は三位一体の知財戦略を目指すべき」という報告書が出され、このコンセプトは一般に知られるようになった。

その後、様々な場面で三位一体という言葉が使われるとき、特許出願、権利化としての保護、それから活用の三つの一体化として表現されることが多くなったようだ。出願と保護と活用は、知財活動の当たり前の話であり、敢えて三位一体という表現にする必要はない。また、別の言い方として事業、技術と知財の戦略の融合として言われることもあるが、それだけでは抽象的で、あまり意味がない。

トップこそ知財を活かせる

2002年の「産業競争力と知財を考える研究会」は、その後に続く知財と産業競争政策をリンクさせる一連の会議のスタートである。それ以前には、特許庁と各企業の間で出願件数の増減などについて定例的な意見交換がなされることはあっても、知財戦略を産業競争力と直接関連づけて官民で議論することは行われていない。

2003年に、内閣官房に知財戦略本部ができた。世界中の知財関係者から、日本は首相が知財のヘッドを務めるのかと羨望の声をいくつも聞かされたほどの画期的な出来事だった。

ホンダの吉野浩行元社長（1998〜2003年在任）は、2003年から2008年まで政府主催の知財関連会議の常連のメンバーでもあり、そこでの主張が採用されてできた政策は数多くある。それもそのはず、社長になる前は知財担当役員として日常的に知財部門からの報告を受ける立場だったので、世界の最先端知財の情報を詳細に知っていたのである。吉野元社長は、のちに日本知的財産協会の会長を務めている。

ホンダの営業のトップであった宗国旨英《むねくによしひで》元会長（１９９７～２００４年在任）は、国際知的財産保護フォーラムの座長として、やはり２００３年から２００８年まで、日本の官民合同の知財フォーラムを率いて知財に関する中国法の改正や運用の改善要求をしてきた。ホンダでは営業のトップを含め役員全員に知財戦略の報告をするが、彼は知財の重要性をよく知っており、中国政府の呉儀《ごぎ》元副総理や当時の武大偉《ぶだいい》駐日大使、その後任の王毅《おうき》大使と中国における知財の問題を議論する姿は、こちらもそうだが、あちらも知財を勉強してきており、なかなかの迫力だった。

技術出身の吉野元社長と営業出身の宗国元会長が知財について語るのは、これぞ技術情報、営業情報、知財情報の三つの組み合わせという場面でもあった。

情報をどう利用するか？

新興国企業の役に立つ知財情報

これまでは知財情報を見ても、出願件数や登録件数を企業別、技術分野別に見て一定の数値やグラフを眺めながら他社との違いを比較し、自社の研究開発の強化を行う程度のことしかできなかった。しかし、今ではデータの解析技術が急速に進歩し、特許公報などのデータはあらゆる角度から分析できるようになった。もともと特許明細書は文章で書かれているので、検索技術の発達により、使われる語句や頻度の分析をして、様々な情報が得られる。

特許情報は一種のビッグデータとしてとらえられ、その出願明細書の解析から技術上の目標や課題と考えていることが何か、従来の改良技術か、それとも全く新しい技術目標か、さらには投入されている研究者のおおよその数、予算の規模、発明者の人事異動情報や、営業上の目標として研究開発が初期ステージなのか商品化が近いのか、販売予定国はどこかなどが傾向値、もしくはかなり確実な情報として把握できるようになった。特許を1件持つのには手続きなどの諸費用に100万円前後かかるため、確度の高い情報である。

このことは、知財情報が新興国企業にとって、彼らが目標とする企業についての精度の高い内部情報を得るために有効な情報という理解につながる。

世界各国の特許公報は、その国における最先端の技術を公開しているものなので、それを見ていると各国で関心の高い技術の特徴が見えてくる。例えば、イスラムの国でのカーナビの特許出願にはメッカの方向を表示する機能があるなど、これは海外でビジネスをするとき商品にどのような機能を盛り込むのが現地に最適になるのかを検討する参考情報になる。

また、オープンイノベーションの方法のひとつとして、各国の特許公報を見ながら興味深い技術を出願しているところをピックアップしてコンタクトするという使い方もある。

開発から考える知財競争力

三つの情報の組み合わせを電気自動車の例で説明すると、次のようなことになる。

ホンダとトヨタは１９９０年頃から競い合って電気自動車を研究開発し、特許出願を多数していた。その結果の車は２０００年直前にＨｏｎｄａ ＥＶ Ｐｌｕｓ、トヨタ初代Ｒａｖ４ ＥＶが発売された。

技術的には、使用するバッテリーはすでにニッケルＭＨであったが性能が十分ではなく、ガソリン車には勝てない。営業的にも大衆車レベルでありながら価格は５００万円以上と高価であり、この時点で国の政策的な補助はまだないため、公共団体にリース販売するぐらいしか売れない。つまり、世界的に知財競争力は確保できたが、技術は求められるレベルに追いつかず、政策の支援もなく市場もできていなかった。

そこで、技術的にはガソリン車と競争可能なハイブリッド車が2000年から2020年頃までは有利ということになり、そこでの知財競争力を確保するようにする。その間1990年の電気自動車の特許は2010年になると期間満了になり、競争力を失う。その先を考えなければならない。電気自動車はバッテリーに充電しなければならないが、その電源は発電所が作る。それではCO_2排出元が車から火力発電所に移動するだけであり、原子力発電所も世界で逆風にさらされている状況では、頼れない。そうなると、ハイブリッド車の次は自ら電気を作って走る燃料電池車に、一気にシフトすべきという判断になる。

燃料電池車は、バッテリーの代わりに自分で発電できる電気自動車の一種である。燃料電池は車用ではない家庭用や大規模発電用にすでに使われており、基本特許はカナダのバラード社などにより数多く保有されている。それが続々と期間満了で切れる。そのタイミングは2020年である。

1990年代の電気自動車の特許、2000年代のハイブリッドの特許は日本勢が世界で圧倒的に強く、他の国でハイブリッドの乗用車が普及しなかったのは、それが原因のひとつである。トヨタが燃料電池の特許を無償解放するのは、その教訓を活かしてのことだろう。さらに無償解放に期限を切っているのは、ビジネスをよく考えている戦略である。このように技術、ビジネス、知財の情報を整理して眺めてみると、経営者にとってどこに開発のリソースを振り向け、どのタイミングで商品を出すか、それに合わせて知財競争力をどう設定すべきか、という判断がしやすくなる。

これが、知財で言うところの三位一体の情報の組み合わせの例である。

グローバル人材の育成

かわいい子には旅を

グローバル人材の育成とは、日本人社員にグローバルな現場の経験をできるだけ積ませることであって、外国人社員の育成は知財エキスパートに関してはあまり必要ない。

日本人社員が出張であれ、駐在であれ外国に一人で行き、大変な思いをして仕事をすればするほど、グローバルでは当然ながらうまく振る舞えるようになる。

日本で特許出願を担当している若い社員を、担当する技術分野ごとに何人か選び、海外の市場を見てくるように頼んだことがあった。自分の出願した内容と同じ技術を使っている他社の製品を海外で見て、摘発、警告、訴訟までの一連の作業が経験できる。訴状を作るところまで現地の法律事務所と一緒に対応できれば、さらにいい。日本でエアコンのきいた快適な事務所で特許書類を眺めているより、市場の現場で汗をかいて摘発する作業のほうが、知財の仕事の本質がよくわかる。知財は使わなければならないのである。そこで、日本人社員をもって世界での戦いを経験させることが、世界で通用する人材を育てることになる。

知財エキスパートの外国人社員

日本企業の海外グループ会社での知財エキスパートの外国人社員の育成は、結構難しい。私が知財部長であった２００１年から２０１１年までの間、アメリカ、ドイツ、イギリス、カナダ、中国、ブラジルの現地法人社員として各国の知財のエキスパートが合計で30人いたが、10年間継続して働いてくれたのは３人だけである。他の27人は転職していった。

外国人の知財エキスパートにとってホンダの知財の仕事はグローバルそのものであり、ダイナミックでやりがいがあるはずである。彼らを毎年グローバルＩＰ会議という名目で世界中から日本に出張させて情報共有の会議を行い、ツインリンクもてぎのレースコースで国別対抗ゴーカートレースなどの楽しいイベントも行い、さらには人事評価で各国現地法人の人事部と調整して相当に優遇した。しかし、定着しない。

彼らが転職するという話を聞くたびに少々がっかりしたが、しかしこれは割り切って考えるべきである。

知財エキスパートの外国人社員たちは、だいたいがその国の弁護士の資格を持っており、ホンダでの活動の職歴をもって、自分のステップアップとして、より良い条件の次の仕事に移るのが当然なことである。したがって、知財エキスパートの外国人社員は長期的に育成するなどとは考えずに、その時点での彼らの実力を評価して短期間の活躍を期待すればいい。そう思って割り切れば、長く一緒にやってくれればラッキーと思えるようになる。

ホンダオハイオの知財の責任者であったアメリカ人女性弁護士に頼んで、ヨーロッパの訴訟案件の検討メンバーになってもらったことがあった。ホンダドイツの女性弁護士とホンダＵＫのイギリス人弁護士も入っての議論は白熱し、私などより彼らのほうがずっとホンダへの思いが強いのではないか、と思われる熱心な意見が飛び交った。とにかく外国人の知財部員は在職中ベストを尽くす。短期集中型の彼らは放っておいてもこちらから学ぶことは学んでいる。

しかし5年後、そのアメリカ人女性弁護士もドイツ人女性弁護士もイギリス人弁護士もホンダをやめて他の企業に移っていった。

残念だが、実力で勝負するフリーランスのような各国の知財エキスパートたちとたとえ一時期であっても同じ側で一緒に仕事をするのはこちらも学ぶことはとても多く、日本人社員をグローバル人材に育てるには、そのような人たちとともに仕事をさせることによる効果は大きい。

彼らと行ったロンドンの会議は、2005年7月7日である。その日の昼すぎにロンドン市内で爆破テロが起き、ロンドンは大混乱になった。我々は、イギリス人弁護士の提案で安全のためにロンドンから場所を移して会議をしようということになった。選んだ場所はスコットランドである。

偶然にもアメリカ人女性弁護士は、学生時代に学費を捻出するためLPGAのプロゴルファーをしていた経歴があり、さらにイギリス人弁護士は彼の発音で言うエンバラに実家があることがわかった。エディンバラは、ゴルフの聖地セント・アンドルーズの隣町である。我々のロンドン会議は当然のごとく、スコットランドのゴルフ場で続きを行うことになった。私のゴルフは下手な部類に属するが、それまでいたって日本的な生真面目さの中で仕事をしてきた私もこの日を境にちょっと変わったかもしれない。これもまた海外の知財エキスパートたちから学んだことである。

役に立った研修

経営陣の生の声

私が受講した研修で最も役に立ったと思うのは、ホンダ経営セミナーという半年にわたる研修コースである。

毎年、全社から部長になる直前の40代の社員15人が選抜されて受講し、財務諸表の読み方やマネジメントの仕方などをみっちりと教え込まれる。その中でも社長や副社長などの現役の経営メンバー自らが講師になって、自らが行った過去の判断はどのような範囲の情報を入手して、何を優先的に考えて決断したのかを語ってくれるセッションは、自分の知らない世界を垣間見るような楽しい興奮があると同時に、その後最も役に立った研修だった。

例えば、なぜこの国に進出することにしたのか、なぜこの提案を採用し他の提案を却下したのかなど、様々な経営課題に対する意思決定の過程で、彼らが何を考えたかという話である。

いかにベテランの経営者といえども常に確実な情報を持って自信に満ちて判断しているのではなく、その時点で入手できる様々な情報の中で、信頼できて重きを置くべき情報をいくつか選択している。どのような情報を選んだかが重要である。それがもし確実性の高い情報であれば、経営判断は確実性を増す。一連の話を聞くと、悩み多き経営判断のプロセスがよくわかる。

私がホンダ経営セミナーを受けたときの社長は、初代の本田さんから数えて4代目の川本信彦元社長だった。川本元社長は、競争相手との特許件数の比較をする知財部門の資料について「それは重要な情報であり競争の状況を正確に表しているが、過去に出願があったという事実にすぎない。将来自社がどの方向に行くべきかについては世界の技術の流れ、各国による規制などの政策というような情報も参考にすべきである。自分はひとつの情報として知財の情報は大切だと思うが、もし知財情報を経営に役立てようとするならもう一工夫いる」と言う。

その言葉にしたがい、ホンダ知財部ではその後、技術者が理想とする技術はどういうものであるか、各国の市場の動向や各国の政策はどういうものであるか、さらに分野ごとに競争力の状況を表す知財情報を過去の出願データだけではなく、ライバルは将来どのように展開するかという予測も含めて分析し、これらの情報をリンクさせて戦略を提案するようになった。

リーダーの役目

企業の現場では、将来のことはどうなるか不明確な状況で決断を繰り返す。

ビジネススクールでは過去の成功例のみを分析し、例えばオープン&クローズ戦略をとっていた、というように後知恵として語られる。それは実はあまり参考にはならない。やっている最中にどのような情報があってどれに価値をおいて判断したか、というほうが参考になる。そこでシミュレートする訓練ができるからである。

川本元社長はセミナーにおいて、リーダーの役目は決めることだと断言する。決められないヤツはそれだけでリーダーの資格がない。そこでつい質問してみた。「間違ったらどうすればいいでしょうか?」彼の答えは間髪をいれずいつものべらんめえ調で「そりゃあオマエ、謝りゃいいじゃねえか」というものだった。

人間の行う判断は、間違いがつきものである。それでも様々な情報の意味を見い出しながら、組み合わせることでより確実さを増す。組み合わせ方はセンスと経験による。自分でやってみなければセンスも経験も育たないが、世界の動きや情報に感度の高い若者はこういう仕事に適しているので、できるだけチャンスを与えることである。

COLUMN
航海訓練という研修

ホンダ経営セミナーには、究極の自己を見つめる、というセッションもあった。極限に近い状態におかれてそれを乗り切ると、自分の何事かが見えてくると言うのである。設定される極限の種類は毎年違うが、私の参加した年は帆船に乗って1週間太平洋を航海するというものだった。

9月下旬のある日、我々15人を乗せたブリガンティンという形式の2本マスト、全長46メートル、全幅7・6メートルの帆船が横浜港を夕方出発した。その夜は小雨が降りしきる視界の悪い日だった。帆船は、帆（セイル）の上げ下ろしやマストの向きを風に合わせて、変える作業のすべてを人力でやらなければならない。特に風に向かって進むときには、風向きに対して45度までが帆の角度の限界になるため、結構頻繁にタッキングという作業をしなければならない。これは帆を飛行機の翼のように使い、空気の圧力差を利用しふくらんだ側の帆に引っ張られるようにして前に進むのである。また、横帆（スクエアセイル）は風の強さに応じて、広げたり閉じたりしなければならない。

メインマストには、4枚のスクエアセイルがある。最も高い位置にあるトップセイルは約30メートルの高さにあり、細い縄梯子を登ってたどりつく。そこで、横に張った1本のロープの上に立ってマストの横桁につかまりつつ、帆の上げ下ろしを手作業でする。地上約30メートルは建物で言うとおよそ10階の高さになるが、ベランダの外側に張ったロープの上に両足で立って作業をするようなことを思い浮かべると、感覚が近い。建物と違い、帆船は風で動くために常に風にあおられていてマストが大きく揺れ動く。風が強く吹くと、身体が浮いて足裏がロープから離れそうになり、マストにしがみつかないと、風にもっていかれるような気がする。

おまけに夜である。一般的に船や飛行機は夜の航行中、光をできるだけ外に出さないようにする。左舷の紅色のランプと右舷の緑色のランプを目立たせて船がどの方向に向かうようにしているか、離れた距離からわかりやすいようにしている。つまり、雨の夜に30メートルの高さのロープの上に立つと、下の船体は暗闇の中に溶け込み、ほとんど見えない。マストは風にあおられて直径10メートル近い円を描いて回るように空中を揺れ動きつつ、前に進む。これ以上の恐怖があるだろうか。

これが、究極の自己を見つめる研修だった。

しかしこの研修は、実を言うと弱い人はとことん弱いし、逆に全く平気な人もいる。弱い人は横浜港を出る前に、はや船に酔ってしまい、一番下のフォアセイルというせいぜい2階ぐらいの高さのセイルにさえ足が震えて登れない。私はとてもラッキーなことに、数少ない平気な一人だった。

翌日からの快晴の下、風の吹き抜けるトップギャランからは、遠く伊豆七島のつらなりが見える。船は太平洋沖に向かい海上をすべるように進み、聞こえるのは風を切る帆の音だけである。風にあおられると足が軽くなり、高さ30メートルの空中にふわりと浮かび、鳥になって飛んでいるような気持ちになる。

このような研修を経験すると、困難を乗り切ったという自信がつくのは確かである。

知財の仕事はデスクワークよりも、侵害摘発から現地での訴訟というフィールドワークのほうに楽しさがあり、フィールドワークは体力がものを言う。私自身はそれほど体力があるわけではないが、外での仕事のほうを好むし、この航海訓練のあとは、何があっても平気になったのは確かである。これが私のホンダ時代に受けた研修の中で、最も役に立ったと思う研修である。

この船の洋上研修は惜しいかな、その後訓練中にマストから転落して死亡する事故が起きてしまい、日本では現在は行われていない。愛すべき帆船は、今はアメリカにいてアメリカ人を鍛えている。

知財の研修の中にこのような訓練を取り入れれば、知財のフィールドワークを好む若者がたくさん増えるかもしれない。

第2章

出願戦略

これだけは知っておきたい知財の基本知識

基本的な考え方は世界共通

企業実務は、ビジネス遂行のために利用できる制度は何でも利用する。特許と意匠の法的な違いを考えるよりも、現実の事案に使えるかどうかを考える。その点が学問との違いである。模倣品を分析し、それに対して使えるカードとして何があるか検討すると、特許権、意匠権、商標権などの登録されている権利の確認だけではなく、登録されていないが権利として成立する著作権の行使や不正競争防止法に基づく差止請求の可能性、さらに店で模倣品と知っていながら客に声をかける行為を刑法の詐欺罪にあたるかどうかなども考える。

客になりすまして、店頭で「これはホンダの製品ですね」と声をかける。店員はニヤリと笑い、うなずく。「このマークはちょっと違うようにも見えるのだが」と言うと、店の奥から本物のマークを持ってきて「違うように見えるならこれに変えればいい」と言う。詐欺はだます行為があってだまされてお金を払うことにより成立するが、だまされたことにすると、詐欺として被害届けを出すことが可能になる。こういうことも知財活動である。

各国での知財の定義は、表現上は違っているところはあるが、各種条約による制約もあり、基本的な考え方は同一である。

製品の機能や性能は特許権または実用新案権で保護され、デザインは意匠権で保護され、ネーミングは商標権により保護される。保護とは他人がその製品にこれらの登録された知的財産権を用いては製造・販売することができないことで、権利者には強力な独占排他的な権利が付与される。その他にも商品の包装や色使いなどを保護するパッシングオフ（オリジナル商品のパッケージ、あるいは商品名の全く異なる商品への使用を禁止すること）やトレードドレス（商品のデザイン、あるいは商品・サービスの全体的なイメージ）という考え方もあり、結構手厚い。

特許権と実用新案権

特許権は、日本では自然法則を利用した新規かつ高度な発明に対して、出願から20年間独占権が与えられる。ただし、自然法則の利用という条件をつけずに有用な発明であればいいというアメリカのような国もある。そうした国では有用であれば特許になるため、ビジネスのうまいやり方などのように自然法則を使わない発明も特許権の対象となる。製造分野で日本に負けたアメリカが、ビジネスの方法で勝とうとした時期に一躍注目を浴びたが、現在では行き過ぎに対して揺り戻しが起きている。

日本の発明の定義は、自然法則を利用して従来技術から進歩していなければならない、というもので、他の国と比較して狭い。なぜなら、進歩しているかどうかというのは主観そのものだからである。この点は欧米では、「自明でなければいい」という概念を使う。

差が出るのは、例えば録音と再生機能を持つテープレコーダーから録音機能を取り去り、小さくして持ち運べるようにした製品を作ったとき、日本では単に一部を外しただけなので進歩ではないという理由で特許にはならないが、欧米では誰も考えつかなかったということで特許になる。これは、ウォークマンを大きなイノベーションとして認めるかどうかで、差が出ることになる。

実用新案権は、小さな発明である。これは、特許出願の多くが巨額の研究開発投資の可能な大企業からなされる傾向が強いのに対し、中小企業や町の発明家などのアイデアを中心とするような小規模な発明も保護するという趣旨である。実用新案権または類似した制度である小特許権は実質的な審査をしない場合も多く、さらに権利期間は特許権に比較して短期間になっている。

実用新案権は、戦後の日本の復興の頃、まだ本格的な発明ができないときに小さな思いつきでも権利をとれるということで非常に役に立った制度だが、現在では日本の大企業は実用新案権の期間の短さと力の弱さを理由に、ほとんど出願しなくなっている。他方、中国においては現段階でまだ産業の発明力が弱いので、小さく権利をとることのできる実用新案の出願は急激に増えたが、この先は権利としてやはり弱いので減少に転じるはずである。

日本で実用新案制度を全く使わなくなった日本企業も、中国の知識産権局（日本の特許庁に相当する）の特許審査のレベルに対する懐疑から、中国で特許出願したのと同じ内容のものを実用新案でも念のために出願しておくという使い方をしている。実用新案権は審査をしないので、もし特許が審査で拒絶されても、実用新案権は生き残るという理由である。

意匠権・商標権・著作権・不正競争防止法

意匠権は、形、模様、色彩などのデザインについて出願から20年間独占権が与えられる。最近では、携帯電話などの画面のデザインを意匠権で保護するというように、より広く権利を認めるようになった。広く強い権利は、イノベーションを率先してリードする企業にとっては有利に働く。一方で追随するフォロワーたちにとっては、真似ができなくなり不利になる。

商標権は、文字、図形、記号などのマークを保護し、権利期間は、登録から10年間だが、希望すればさらに10年更新することができ、その後も繰り返し更新できる。この点で商標権は、他の特許権等とは大きく異なる性格を持ち、自分を表現する永続的な手段になるわけである。

技術を特許権で保護しても、有効期間は多くの国で出願日から20年間である。どのような新技術であっても、20年間が経過すると、他社によって使われてしまう。ところが、商標は保護の目的が業務上の信用の維持であることから、使用している限り、その商標に化体した信用は維持されていくことになる。

特許権と実用新案権の選択のように、意匠権と商標権の選択の問題も起こる。

意匠権は出願から20年間しか有効ではないが、市場に定着する企業イメージはデザインによるところが大きい。デザインは、本質的にブランドの重要な要素なのである。独特のデザインを持つ商品はユーザーから愛着をもって迎えられ、何年経っても同じデザインであることが求められる。そのときに意匠権が切れてしまうと、他社から同じデザインの商品が市場に投入されてしまう。その場合、立体商標、著作権、不正競争防止法などの他の法律により、デザインを守らなければならない。

著作権は小説や論文、絵画、写真、音楽、映画（ビデオ）、コンピュータプログラムなどが対象になる。著作権は権利を得るための登録は必要とされず、著作物を創作した時点で自然発生的に権利が発生する。その点だけ考えると、わざわざ出願手続きなどをせずに簡単に全世界で権利が発生し、これはいいと飛びつきたくなる。しかし、出願書類があるわけでもなく、内容の審査もしないで権利になるため、実際に裁判で使うとなると弱いのが難点である。

不正競争防止法は、最後の砦という使い方をする。何も権利がないときに、相手のやり方がフェアではないという主張ができる。ちなみにホンダの原告訴訟は半分が特許、意匠、商標の権利侵害事件として構成したが、残りの半分は著作権と不正競争防止法違反である。原告は、どの権利を使うかを選択できるのである。

業種によって異なる知財の使い方

同じ業界でも異なる考え

企業の国際競争で知財にどれだけ重きを置いているかは、同じ業界に属する企業でも相当に違う。これは、同じ業種内で新技術や知財をほとんど持っていない会社のビジネスが一定の成功をおさめていることからもわかる。

企業はそれぞれの強みを生かして商売をする。新技術・知財を強みにする企業がある一方、ビジネスの仕掛けや製品コンセプトを強みにする企業がある。後者の場合、知財の活用や制度改定にはほとんど関心もなく影響も受けないが、それでもビジネスが成功している。

自動車業界を考えるとわかりやすい。13社も日本にあって皆存続できているのは、勝負どころが違うからである。各社が勝負するポイントは技術・知財だけではなく、地元に根づいた販売力、メンテナンスサービスの充実、長年継続する顧客のフォローの丁寧さ、部品購買をうまく行うことによる廉価、インドなどの新興国に進出する先見の明、さらには自社で技術を持たずに部品メーカーに技術開発や知財対応を任せるが、自社ブランドを広告宣伝で行うのが勝負というのもある。

各社の強みはそれぞれなので、知財の重要さは各社で同じではない。そのため、成功した特定のビジネスモデルをもって、すべての企業にあてはめて考えるのはナンセンスである。

例えば、インテルが自社のコア領域をクローズにして他の領域をオープンにした成功例があるが、オープン・クローズ戦略は部品会社のサバイバル戦略として古典的な戦略でもある。自社の強みを理解してそれを独占し、納入先の完成品メーカーはできるだけ多いほうがいいため、適合部分はオープンにするというのは部品会社では基本的な戦略になるが、重要なのはどの技術で、いつそれが起きるのかを予想することである。

確実性を高くするには、いくつもの情報の組み合わせによって行わなければならないし、常にうまくいくとは限らない。インテルも、今のところうまくいっているのは自社の主力製品が時代の波にのって売れたという読みが当たっているからで、この先もそうだとは限らない。

業種によって知財の使い方は相当に違うが、典型的には以下のようなことが言える。

自動車業界

自動車会社の知財問題は、秘密の会員制のクラブのようなきわめて限られたメンバーでの話題である。自動車産業は日米欧の成熟産業としての秩序があるものの、新技術は次々に生まれており、知財の競争も激しい。しかしながら世界の自動車会社の数は限られており、その間の知財問題は解決が比較的容易である。新規参入は、中国の民族資本のメーカーを考えなければ、ほとんどないと言っていい。

日本の自動車会社は、欧米の自動車会社と業界でも個別の会社でも定例的な会合を行っており、知財の責任者は大体顔見知りである。相手国に出張するときには特に用事がなくても連絡をとり、会食をするなど情報交換も頻繁であり、気が合う仲間とは非常に親しくなる。そのため、知財の侵害問題は訴訟にいく前の交渉でほとんどが解決される。私も特に親しくしていたGM、フォード、ダイムラー、VW、ポルシェの知財部長たちと電話一本だけで解決したことがたびたびあった。

自動車産業には、部品産業との取引の下で発生する知財の問題が別にある。

自動車会社は自社が技術を独占したいが、自動車部品会社は多くの自動車会社に納入したい。そのせめぎ合いは、独占の問題と責任の問題がからんでややこしくなる。極端に言うと、自動車会社は新技術を独占したいが、技術の責任や特許の侵害問題の責任は自動車部品会社に押しつけたい、ということである。

最近、サムスンなどの新興国企業勢が日本の部品企業や素材企業からの購買取引において日本企業に図面やデータ、製造方法などのノウハウといった情報を提供するように要請し、それが韓国企業の強欲さであるかのように言われることがある。しかし、完成品メーカーと部品メーカーのバトルは、どこの国の企業であろうが同じである。それぞれが自社のサバイバルをかけて新技術は自分のものに、責任は取引先にという戦略を実行する。

ちなみにホンダの事業は、四輪車、二輪車、汎用エンジン（船外機、芝刈り機、発電機、耕運機などを含む）、航空機、ヒューマノイドロボットであり、海外売上台数の比率は四輪車は83％、二輪車は99％、航空機は100％が海外である。自動車会社は大体そういうものだが、この割合では当然ながら海外の知財問題のウエイトが高くなる。

電機業界

日本の電機業界は、1980〜1990年代にかけて世界を制覇した。

歴史上、戦勝国が常に物事の見方が甘くなり自己中心的な思考になり、その後弱体化するのと同様に、日本の電機業界も2000年頃は戦略が少し甘くなった。1年間に1社で2万件以上日本に出願し、その１～２割しか海外に出願していなかった。保有する特許権は世界で10万件以上あるのに原告訴訟は数件しかないと聞くと、この頃の電機会社の知財戦略は日本出願件数の多寡を競い、新聞の出願件数ランキングの上位に掲載されることが目標と言われても仕方がない。

しかし、電機とひとくくりにして考えるのは単純すぎて、現実を見間違う。電機業界は抱える領域が非常に広く、様々な事業が含まれている。発電所などの公共事業では建築業界と同様に長期的な信頼確保が知財の目的になり、自動車用の電子部品提供などのＢ２Ｂ（企業間取引）では、自動車会社と部品会社の関係としての知財問題があり、家電は短期間で売り上げと利益が大きく変動するため、流行に応じた乱打戦のような特許出願を繰り返す。通信領域は、米国大手や技術標準の動向によって大きく競争環境が変化する。

ソフトウエアに関する特許には、実証されていない表現だけの特許出願も多い。例えば「ネットワークを介してコモディティから情報を収集する方法およびシステム」という特許があるが、この文章で発明の内容を理解できる人はまずいない。この種の特許出願は、文章力があればできるのである。この文章の特許による訴訟が多発したが、さすがに米国でもこういう状況をまずいと思ったらしく、「発明の範囲を合理的に確実に当事者が知ることができない場合には、特許は不明確として無効になる」という最高裁判決が２０１４年に出ている。ソフトウエア特許のいい加減さに振り回されているのは、電機業界である。

電機の会社の知財部がよく勉強をしていて力があるのは、厄介な問題に直面することが多いからである。

医薬と化学

医薬品は製品と知財の結びつきが強く、あらゆる業種の中で知財の存在は最も重い。

ひとつの医薬品にひとつの特許が、典型的な例である。製薬企業の知財の責任者が経営会議で新薬の特許について発言するときは、巫女のご託宣のようとも言われる。というのも、特許の強さにより未来の利益が確実になるからである。巫女が強いと言えば、一同安心する。確かに製薬企業の知財部長たちは、どことなく神主のような上品な人が多い。そういう雰囲気であればこそ、ご託宣に真実味が増すというものだろう。

医薬品の研究開発期間は長期間にわたり、特許出願をしてから医薬品の承認を受けて市場投入できるまでに時間がかかることもある。特許有効期間中は独占できるため大きな収益を得られるが、特許満了とともに他メーカーからすぐに同じ医薬品（ジェネリック）が出てくるので販売量は急速に下降する。

したがって、自ら開発する企業にとって、ジェネリック医薬品の企業は他人の成果を横取りしているかのように見える。特許の有効期間は世界中で基本的に20年だが、医薬品として国の承認を得るまでは販売できないため、25年まで延長することが認められる国が多い。途上国はジェネリック医薬品の企業が多いが、これが知財の南北問題になる。自ら開発する北側の医薬品企業は長くしたいし、ジェネリックを作りたい南側は短いほうがいい。対立は深刻である。

医薬品業界では、ライセンスは原則としてしない。化合物の特許をライセンスすればそれでいいというものではなく、作り方の微妙な違いで薬害が発生するかもしれず、その場合にはライセンサーの薬にも飛び火し、責任を問われることがあるからである。

ジェネリック医薬品が低価格で登場してくると、医薬品企業は売り上げ金額も利益も市場シェアも奪われる。そうした事態をできるだけ阻止するために、それまでの間に市場で獲得してきた商標による信用力に頼る。薬の商標は、それだけでも商品が売れる強い誘引力がある。例えば、長年キャベジンを飲み続けた人は、同じ成分だと言われても、他の名前の薬は飲みたがらないものである。特許が満了したあとの廉価な競合品の市場進出にもかかわらず販売が落ちないケースは、商標が力を発揮している。

一般化学は領域が広い。

化粧品やパーソナルケアの分野では全般に技術が成熟ぎみだが、革新技術ができた場合に差別化をするために特許出願が重要になる。特許で押さえたとしても、市場にはイメージを似せた商品が出てくるため、メーカー間での商標や意匠を総動員したブランドイメージでの争いは熾烈になる。化粧品、パーソナルケアの分野では大手メーカーによって市場の大部分が支配されているが、新しいコンセプトの商品の登場により一気にシェアが変わることもある。

一般化学メーカーがＢ２Ｂで他のメーカーに素材を提供する場合には、完成品メーカーと部品メーカーの知財問題と同様の問題が起きる。完成品メーカーは購入を条件に新技術を我が物にしようとし、化学メーカーは自社で知財を持っていることを理由に多くの完成品メーカーに素材を供給しようとするのである。これもまた、古くからのオープン＆クローズ戦略である。

建築業界

建築は受注生産一品ものが多く、受注から完成までの期間が長いものでは、まれに特許の有効期間よりも長くなる場合もある。したがって新技術を次々に投入するということではなく、信頼性のある技術を計画的に使う。発明は施行手順などの工法の部分に特許が生まれやすいが、特許によってシェアの維持や他社排除が主目的とはならず、自社の技術をアピールする手段のひとつとして使われることが多い。

公共事業の入札では、建築会社が特許の主張をしてもその価値が評価されるということはあまりなかったようだが、最近では品質の確保に関する法律などで特許＝技術力の主張ができるようになったそうである。ゼネコン間での特許侵害訴訟は、全世界に数千ヵ所という建築現場が対象になるため、侵害摘発は簡単ではない。市場のどこにでも同じ製品が流通している業界とは、わけが違う。

しかし、建築会社は技術力の証明として知財の権利行使には積極的である。建築業界もゼネコンのメンバーは限られているため、業界の結束力は自動車業界と同様、非常に強い。

このような場合、日本の建築会社の知財を結集して、緩いパテントプールのような形を作り、日本の建築技術の強みの看板を作って海外で戦えば、相当に強いと思う。

パテントプールとは、特定の技術についての特許を各社で持ち寄り、プールに集めておいて各社で使えるようにする仕組みのことだが、このような発想は事業部門、営業部門からはあまり出てこない。彼らは互いに仕事自体がライバル関係が強すぎて、他社との連携には否定的である。ただし、知財部門は日本企業間の技術の類似性を特許の請求範囲の解釈を通じて知っているので、互いに連携しやすい。

伝統技術と最新技術

伝統的な技術を扱う業界では、技術革新や変化は少なく、古い製法や構造が評価される傾向があり、特許出願は多くはない。例えば、ピアノやバイオリンのような楽器製造では、革新技術は一部の電子楽器で必要になるものの、全般に特許出願にするよりも、ノウハウとして蓄積することが多い。

また、新しい技術を開発して取り入れるのは過去の伝統と違う技術になってしまうため、うまく折り合いをつけながら行っている。例えば、電子ピアノなどは新たな付加価値だが、音自体は伝統の技術から生まれ出てくる音にできるだけ近づける。このような業種では、特許出願よりもノウハウ管理のほうに重きを置いている。

最新の技術を扱う業界、例えば航空機業界は防衛産業の性格を色濃く持つこともあり、公開された特許出願からその技術力を把握するのは容易ではない。公開されるなら出願しないほうがいいという判断もあるし、秘密特許制度のある国では外部からは何が特許になっているのかはわからない。さらに、航空機のメーカーはもし事故があれば製造物責任を問われるので、その意味での特許出願も全業界の中で最も慎重である。特許の書類に過去にこのような不具合があったから新しい技術を開発した、などと記載しようものなら、不具合を認識していた、ということで、特許によって責任を自ら認めたことにされてしまうのである。

製造物責任があらゆる業界で最も重くのしかかってくるのが、航空機業界である。墜落すれば、パイロットかエンジンか機体かのどれかが理由ということになる。世界のエンジンメーカーと機体メーカーが一緒ではなく別の会社になっているのは、責任の分散でもある。もし新技術を搭載した航空機が墜落すれば、その新技術のせいである、と言われやすいため、特許出願だけではなく、新技術の広告宣伝も非常に慎重になる。

伝統技術と最新技術、その極端な例ではどちらも特許出願について慎重である。

日本企業の出願戦略の変化

出願してこそ、の20世紀

知財分野でのこれまでの活動の常識は、発明が生じたらできるだけ早く日本に特許出願をして、1年以内にその2割程度を外国出願するというものだろう。日本出願は小さな発明でもよく、改善提案のようなものでもかまわない。企業内で事業所ごとに発明活動を競い、出願件数を比較している場合には各事業所で設定した目標達成のため、さらにこの傾向に拍車がかかり、あらゆる発明・考案を出願することになる。

日本企業は戦後すぐに欧米企業の技術レベルにキャッチアップしようとし、20年から30年かけて追いついた。その後は日本企業が自らの手で発明を生み出し、世界の新技術を牽引してきた。日米欧の企業のみが世界の市場でライバルであった時代は、日本企業は強力なポテンシャルを持つ他の日本企業の牽制のために日本出願を強化し、それがそのまま世界の競争に直結していた。

Ｊａｐａｎ ａｓ Ｎｏ．１の時代においては、日本出願件数を増やす活動が最も有効だった。出願件数の競争は内容そのものではなく、出願件数が多ければ多いほど、合計数で有利に見えるという単純な図式が結果として表れる。

この当時の各社の知財戦略資料を今見直してみると、いずれも同業他社との出願件数の経年の比較ばかりである。電機業界のように１万件を超える競争をしていたところもあれば、数千件レベルの競争をしていた業界もある。業種や製品の特性により規模は違うが、競争の図式は同じである。出願戦略として見せかけの件数を増やすために、狭い請求範囲にすることなどもテクニックとして行われた。狭ければ出願件数が増える上、登録にもなりやすい。しかし、いざ権利行使するとなると、小さすぎてあまり役に立たないことも多い。

改善提案活動により、工場の現場で作業効率のための改善や改良はたくさん生まれるが、それらをいくら出願したとしても、実際には権利行使は難しい。なぜなら、他社の工場で実際に使っているかどうか調べるわけにはいかないからである。改善提案だけではなく、生産技術の特許出願はこの問題を本来的に抱えている。市場に出てくる他社の商品を見ても、侵害しているかどうか判断がつかないことが多いのである。

つまり、生産技術はそれによってしか作れないというものでない限り、可能性として他の方法によって作ったのかもしれず、それが特定できない以上、侵害の警告は出せない。そのため積極的な権利行使にはなじまないものだが、工場での出願件数は企業の知財活動の活発さを表す指標値にもなるため、これまでは出願しないという判断は比較的難しいものだった。

それでも20世紀後半の良き時代には、ライバルの日本企業たちは相手の権利を尊重するという良きマナーがあり、その範囲で一定の効果はあった。ライバルたちは他社の知財に敬意を払って回避するように努力し、回避しきれない場合は実施申し入れをしたからである。

新興国企業とのせめぎ合い

21世紀の状況は、新興国企業が日本の公開特許公報を参考にして技術を学び、日本企業が出願していない国でその技術を使った商品を作り、商売をし、その市場を奪う。新興国企業はもともと出遅れて市場に進出してきているため、マナーはあまり期待できない。彼らは特許公報から技術を学び、黙って使い、警告を受けても非侵害を主張する。

特許制度は、産業発展のために独占権付与と引き換えに出願された発明を世界に向けて公開する制度である。公開により、その技術を乗り越える新しい技術開発を促す。ところが、独占権は出願された国でのみ付与されるのに対し、公開された情報は全世界に伝えられる。

つまり、出願されていない国では、他の国の特許は誰でも自由に使っていい技術情報ということになる。ここに死角がある。１件の特許を生み出すための研究開発費は、日米欧の多くの企業で、電機業界では大体５０００万円、自動車業界では1億円ほど、医薬品業界では数十億円かかるが、新興国企業が1件の日本出願を理解することにより、そうした金額を投資した結果と同等レベルの技術情報を得ることができる。

この状況下で大量の日本出願をすることは、世界に向けて膨大な技術資料を提供することになり、日本企業が費やした研究開発費分を彼らに節約させる結果になる。日本企業にとって現在の競争相手の新興国企業の行動を知っていながら、それでも大量の日本出願を続け、その後パターン的に米欧にのみ外国出願するのは、日本国内の競争だけを窮屈にさせ国の競争力を弱体化させる一方で、新興国企業を利するという結果をもたらす。

新しい出願戦略

それでは、今後どのような出願戦略が有効か。

市場の商品を見るだけではわからない技術は、出願する必要はない。同じ結果をもたらすいくつかの方法がある場合の生産技術や、材料の分析だけではわからないその生成過程の温度や時間などについては、出願しない。外国への出願は、ＰＣＴルートにより2年半で各指定国を選ぶようにするといったことが有効だと考えられる。

PCTルートとは、特許協力条約に基づく出願の仕方で、パリ条約に基づく出願の仕方に比べ、4、5ヵ国以上の複数の国に出願するときに費用や手続きの簡便さでメリットが大きい。さらに指定国を考える時間がパリ条約ルートの1年に比べて長いので、グローバル産業競争の状況がよりはっきりしてきたときに、競争相手の国や新興市場のカバーをより柔軟にできることになる。

また、可能な限り英語で出願書類を最初から用意することにより、余計な翻訳費用や言語の違いによる内容のずれを回避できる。それはグローバル人材育成にもなり、次の世代の知財部門メンバーたちが常に世界の競争を見る視点を持つことにつながる。

以上のことはグローバル企業だけではなく、現時点で国内ビジネス中心の企業や中小企業、地方企業でも、近い将来のTPPやRCEPなどにより商品がエリア内を自由に流通することになるときに直面することになる。そのため今から変化を意識し、新しい知財活動を行うべきである。さらにその先では、日本企業同士の特許出願の連携や、緩いパテントプールのようにグローバルでの競争に役立つ日本企業の組み合わせ、戦略を視野に入れることも必要かもしれない。

中国は、国内で独占企業を作るように誘導しているように見える。アリババはネット通販で

8割のシェア、百度は検索で8割、さらに鉄道車両メーカーの南車集団と北車集団の合併により、この分野でほぼ独占になる。韓国も、韓国内で独占的にシェアを持つ現代やサムスンのような企業が多い。もともと韓国は市場が小さいので外国企業は出願をあまりしないが、自国内で独占的にビジネスができると国内消耗戦がなくなり、力を蓄えてグローバルの競争に出てくることになる。日本の国内知財消耗戦は、それだけでハンデになる。日本企業の発明創出力が世界でトップであることは、世界の特許出願の質と量を見れば間違いない。うまく使わなければ、グローバルの競争ではそれがマイナスの作用もすることに気をつけなければならない。

技術に勝ってビジネスに負ける事例が、1997年に米国で発刊された"The Innovator's Dilemma"(邦訳『イノベーションのジレンマ』玉田俊平太監修、伊豆原弓訳、翔泳社、2001年)という本にいくつも示されている。ハーバードビジネススクール教授のクレイトン・クリステンセンが書いたこの本は、日本企業の商品企画担当にとって必読の書である。紹介されている事例は、優良企業たちが技術の改良を続けていくうちに、いつしか高級品になりすぎて市場から離れてしまい、その間隙をぬうようにして新興勢力が比較的廉価な新しいコンセプトの商品を出し、瞬く間に市場を奪ってしまう事例である。

これを読むと、日本の電機業界が世界で苦戦していることは何も特別な事例ではなく市場でこれまでも頻繁に起きており、リターンマッチも同じように数多くあることがわかる。

技術に勝って事業で負けるという事例は今に始まったことではなく、ビジネスの世界では頻繁に起きている。日本の電機業界のビジネスのグローバル競争での苦戦を見て、知財活動をあまり熱心にしても意味がないという主張を聞くことがあるが、それは間違いである。従来技術の改良ばかりでは足下をすくわれることがあるというだけのことで、産業界は常にリベンジがあるのである。知財をおろそかにしたら、リベンジはできない。

ＩＴ企業の出願戦略

ＩＢＭの戦略

ＩＴ企業は、急速な通信技術の進化によって覇権をとるべく争っている。覇権争いと同時にちょっとした工夫や思いつきが特許をとれる業種でもあるため、中小企業やベンチャー企業により侵害訴訟を仕掛けられることも多く、アメリカで１００億円以上の高額損害賠償を支払っている企業は、ＩＴ企業が大半である。

ソフトウエア特許は比較的新しい存在だが、アメリカのＩＴ企業はＩＢＭとマイクロソフトをのぞき、特許をあまり重要視していなかったかもしれない。それは、研究開発投資の金額の割には自社出願が少ないことからもわかる。アップルで7億円の投資で1件、グーグルにいたっては14億円に1件である。日本の製造業が1億円に1件ぐらいの割合で出願することに比べると、歩が悪い。そのため、特許侵害訴訟を戦うためには外部から特許権を大量に購入しなければならない。

IBMの知財戦略は、高収益部門を中心に特許出願を固め打ちすると言われる。特許を重複してもいいから出願するのは、攻撃に使うためである。防御ならば万遍なく砦をめぐらす如く薄く広く出願するが、攻撃は第1章でも述べたが、一点を突破するために兵力を集中する桶狭間の戦いと同じように狭い範囲で集中的に出願する。弾数は多いほどいい。これが少なければ、無効理由の存在や非侵害の主張などで対抗され、各社と技術論争になる。集中砲火では逃げ道が塞がれたように感じ、和解するようになる。

IBMの契約戦略は、相手の企業がライセンスインした技術をどういう目的で使うか情報開示を要求する。その情報を自社の戦略にフィードバックすることにより、次にIBMが力を入れるポイントがより明確になる。

これまでの日本企業は、自社内で工場も含めて発明創出活動を行った結果として薄く万遍なく出願するという方法をとることが多かった。それは全社に発明のマインドを育成するという意味では有効だが、攻撃的ではない。例えば、工場の製造技術を出願しても相手の工場に立ち入って侵害を特定することは普通できないため、こうした攻撃にはあまり役に立たない。

マイクロソフトとアップル、グーグルはどう考えているのか

マイクロソフトは、知財の機能をよりうまく使うためにインテレクチャル・ヴェンチャーズを利用しているが、インテレクチャル・ヴェンチャーズの活動は将来の方向性を示している。彼らは独自で研究開発を行う組織を有しながら、広く世界の研究者とコンタクトをとるオープンイノベーションネットワークを持つ。また、買収によりパテントポートフォリオを集中させて攻撃が可能なようにしている。

アップルとグーグルは、事業の収益モデルが異なっている。アップルはモバイル端末のハードを製造しており、グーグルはアンドロイドというソフトウエアの提供をし、広告収入を収益源とする。グーグル自身はハードを自ら製造しないため、グーグル陣営においては製造するベンダーがアップルとの裁判の当事者になる。

模倣者は先行するアップルの成功部分を模倣し、さらに先行者の商品に対する市場の声を聞いてうまく改良して市場に出す。模倣者がしばしばうまくいくのは、この改良があるからである。模倣は自分で基本開発の投資をしておらず、研究開発費負担が少ないため販売価格を安く設定できる。したがって、模倣者は短期間で一定の成功を収めることができるが、模倣の癖が

ついてしまい、自分がフロントランナーになると苦戦することになる。

アップルとグーグルの争いは覇権をめぐる争いであるため、なかなか収束はしないだろう。しかし、同じ争いがずっと続くわけではなく、ビジネスの環境はどんどん変化するため、その環境変化に先に対応できたほうが有利になる。

実際に、このモバイル端末の競争にマイクロソフトや中国企業が参入してきているが、それによる変化は急速に起きている。模倣が中心であったサムスンは失速し始め、その成功は過去のものになり、いずれかのモバイル端末の陣営が勝つという単純な構図では、もはやなくなっている。これまでスタンドアローンの単品として成立していた商品である自動車やデジタルカメラなども、通信機能がより必要になって、様々な商品で通信機能との連携が行われている。それぞれシェア確保に向けて、競争が激しくなる。

そこでの知財戦略は、環境変化を予測して今のうちから買収や連携により知財ポートフォリオを拡大し、異業種とうまくやっていくのである。

IT企業の知財戦略は、厳しい競争環境下でどのような活動が企業に有利になるかのテストケースのようでもある。それは、知財活動が事業に追随して事業を守るのではなく、事業よりもずっと早いタイミングで環境変化を予測した準備が必要なことを示している。

IP＊SEVA USA代表のシンシア・カナディ弁護士はアップルのライセンス部長だっ

たが、アップルの知財戦略については経営者であるジョブズ氏も入り、非常によく練り上げられていたらしい。アップルでも悩みつつ実務責任者が知財戦略を考え、経営者が判断を下す。

ビジネススクールでは結果的に成功した企業を取り上げ、その戦略は最初から確信を持ちながら進められていたかのように讃えられるが、実際の企業の当事者たちは不確定要素の多すぎる未来に対して、様々な情報の価値評価を悩みながら行っているということである。

古典的なオープン＆クローズ戦略

オープン＆クローズ戦略という場合のポイントは、自社のコア領域をクローズにし、オープンである市場に対して自社優位にするよう働きかけ、市場において自社が優位に展開できるようにし、その範囲で他社とうまく連携し、市場拡大やフィードバックを得るというものである。

ＩＴ業界ではインテルやクアルコムなどが現時点での成功例と言われ、ビジネスモデルとして参考にされている。インテルはＭＰＵを自社のコア技術として情報をクローズにし、マザーボードの製造技術の情報をオープンにして市場を広げた。クアルコムも同様に、スマートフォンのチップの情報をクローズにし、他の領域の情報をオープンにして成功している。ただし、現時点でのことであり、この先この２社がうまくいくかどうかは全くわからない。このオープン＆クローズ戦略は、素材メーカーや部品メーカーのサバイバルの古典的戦略である。

ボルグワーナーのオートマチックトランスミッションは、50年前には世界のＡＴ車のほとんどすべてに採用されていた。また、ボッシュの燃料噴射の電子制御やディーゼルエンジンのコモンレールシステムは、現在多くの自動車で採用されている。ＣＶＴは、オランダのファンドルネが特殊鋼のスチールベルトで、20年は世界を席巻した。

彼らの市場の開拓は、先進的な技術を武器に取引可能性のある相手に対して積極的なアプローチをすることによって、ある時期に成功している。しかし、さらに先進的な技術を他社が作ることによりシェアが減少する。それから、リターンマッチのために再度新しい技術を開発し、チャレンジするという繰り返しである。ボッシュは強い研究開発力と戦略により生き延びているが、ファンドルネは基本特許の満了とともに次の新技術を出せなかったために市場のシェアを失った。

そうした成功と失敗の教訓は、両方を学ぶべきである。

ＩＴ産業は新しい業種であり勝敗の歴史が短いが、インテルもクアルコムも含めて、安泰な企業など世界にはない。

新興国企業の出願戦略

先行者利益を守るために真っ先にすべきこと

新興国企業の知財戦略は、かつて日本企業がとっていた戦略に似ている。

日本は戦争により出遅れた国際競争に参入するため欧米の成功企業の技術を学び、ビジネスモデルに追随してキャッチアップを図った。その後、1980年代になると多くの業種で技術的には追いついてしまい、日本企業自らが世界のリーダーになり各種の新技術をもって世界を牽引した。そして今は新興国企業がキャッチアップしようとして、日米欧の特許情報を学び、学びきれないノウハウは盗みにいく。

雪道で先行する人の足跡をたどるのは、自らの負担を少なくして追いつく方法である。先行する人が失敗し後戻りするような試行錯誤の必要はなく、成功部分だけ学べばよい。ずるいと思いたくなるが、競争とはそんなものである。

我々は、今起きている状況を正確に認識しなければならない。日本の戦後のときのようにチャレンジャーが何年もかかってキャッチアップしていた時代とは違い、今は数週間または数ヶ月で同じコンセプトの商品を出せる。先行者の知財さえうまく回避すれば、コンセプトを真似したとしても問題はない。

中国でバッテリーから電気自動車までを事業にしているＢＹＤは、自らの知財戦略として、国内外他社の特許公報を参考にして開発するのが全体の60％であり、その場合、中国に出願されていなければ、そのまま中国で製造すると公言している。彼らが最も多く参考にしているのは、日本の公開特許公報である。

追う立場と追われる立場の過去の教訓を探すと、かつて米国企業が日本企業のチャレンジを受けて日本企業に並ばれ、追い越されそうだった時期に、米国の大学が米国の主要企業約８０社にどのようにして先行者利益を守るかというヒヤリングを行った調査結果が興味深い。回答の集計によると、最も多いのは先行者利益を守るために先に市場に出すことだが、次はノウハウとして秘密保持をするということである。それに続くのは、販売網を管理して自社のコントロール下に置く、製造設備を管理して同じ設備が使われないようにする、製品設計を複雑にして真似されないようにするというもので、特許を出願しておくというのは6番目にくる。

本来は、先行者利益独占のためのツールである特許がなぜ上位にこないか。理由は、特許の公開制度にある。当時の日本企業の改良特許を生み出すスキルに、米国企業が大きな脅威を感じていたからだろう。改良特許により周辺を押さえられると、基本特許の権利者自身も実施できなくなる恐れがある。

　ただし、この調査においても製薬企業では例外的に特許が先行者利益を守るために最も使われるという結果になるが、これは医薬品に関しては成分を秘密にできないためである。米国の調査結果は、現在日本企業の特許公報が新興国企業の参考文献とされ、模倣または改良されて出願されるという状況下で、日本企業が改めて知財戦略を見直すときのヒントになる。

韓国企業の戦略

　サムスンの知財戦略には、外国出願率１００％を目指すというのがある。輸出立国として生き延びることを選択した韓国ならではの戦略であり、ベースとなる韓国内での競争よりも海外で競争を有利にするためである。韓国企業は、全般的につい最近まで日本企業を含む海外の特許公報を参考にして開発する雪道のフォロワーの手法で先進国にキャッチアップしてきただけに、特許制度の仕組みをうまく利用している。

　例えば、日本企業の日本出願が年に数千件あるとしても、韓国にはその1割程度しか出願しない。つまり日本企業の韓国出願はきわめて少ないため、韓国企業は日本で出願された特許公報を参考にして韓国でそのまま製造し、さらに少しだけ改良した特許を韓国および輸出先の国に出願しておき、日本企業がその市場に参入するときの障害にする。これにより、日本企業が出願していないアフリカや南米などの新興国の商売も取られてしまうことになる。それでは日本企業も韓国に特許出願を増やせばよさそうだが、韓国ではなかなか登録にならない上、権利行使の裁判をしても自国の韓国企業に有利なように判断する、いわばホームタウンディシジョンが多く、勝てない。

日本が米国企業に対してチャレンジャーであった50年前は、日本企業自身がこのような手法をとっていたところもあるかもしれない。チャレンジャーは工夫するのである。

ロシアへの出願

ソ連時代の研究開発

ロシアをソ連と言っていた時代には、ソ連の特許公報はあることはあった。しかし、最先端技術をきちんと出願していたわけではないので、ロシアに変わってからどのような技術があるか、また知財制度が機能しているかどうかを調べに現地に行った。１９９０年代の半ばのことである。

ソ連の頃の技術開発は、当時の西側諸国の企業のように互いに横目で見ながら開発競争をするというやり方ではなく、ひとつの技術のテーマ、例えばアルミニウムならそれだけを何年もコツコツと脇目もふらず研究しており、狭い範囲では非常に深い技術になっている。企業がこぞって開発競争をしているわけではないので特許を出願するということもあまり必要がなく、知財制度はソ連の時代とその後しばらくの間はほとんど機能していなかった。20年近く前の話である。

模倣品が多すぎる

その後、何度かロシアに行って知財制度がどれだけ使えるかを調べた。目的は、模倣品対策である。中国と長く国境を接するロシアやカザフスタンは中国から陸路で模倣品が入っていく。ホンダの例では、特に発電機やオートバイである。オートバイは北緯の高いところでは走っていて寒いし雪も降るのであまり売れないが、南側の草原のあたりではよく売れる。そこで対策がとれるかどうかを調べておかなければならない。

特許を出願して登録を維持するため官庁に納付する費用は、国や内容のボリュームによって違うが、単純化すると1ヵ国100～200万円程度であり、さらに代理人の手続き費用や翻訳料がかかる。つまり、1件の権利をひとつの国で保有するための投資額を仮に300万円と考えると、出願するにはそれに見合う効果があげられるかどうかが問われる。

ロシアにはロシア特許の他、旧ソ連邦の国の9ヵ国をカバーするユーラシア特許という制度もあるが、それを使うと国が多くなる分、費用もかなり高くなる。

特許出願は侵害を見つけてから行うというのではなく、将来の侵害を牽制する作業になるため、投資が空振りに終わることもある。また、その国の裁判が信頼できて判決の強制力があればいいが、今のところロシアとその周辺はそうではない。特許があるとしても、実際には使えないのである。ロシアでは模倣品や海賊版が生活の必需品のようになっているが、知財権を行使されるのは生活者からすると、きわめて迷惑ということになる。ロシアで売られているDVDの95%は、海賊版だそうである。

今のところ、ロシアへの特許出願の300万円は得られる効果に見合わない。ましてユーラシア特許は高すぎる。

私は普通に日本人の顔をしているつもりなのだが、ロシアで三度ウズベキスタン人に間違えられた。同じような顔つきのヤツがそのあたりにいるかと思うとこの地域への関心がますます高くなり、個人的な思いとしてロシアは重要な関心地域である。ロシア人のためにも、もっと経済がうまくいってほしいが、まだしばらく時間がかかりそうである。

アフリカへの出願

技術導入のためにある知財制度

アフリカの実情を知らずに特許を出願しても、結局出願したという事実が残るだけで実際にはほとんど使えないだろう。新興国の知財制度は、表面上きれいに整備されているところが多く、文献で制度を調べていてもそれだけでは不十分である。より重要な情報はどれだけ知財制度が機能しているかであり、それを得るには実際に使ってみた経験や事例を、人脈を通じて集めることが有効である。

ホンダはアフリカでも原告として知財の権利行使をし、勝っている。勝つにはそれだけの準備をしており、情報を集めていたのである。

知財が最も機能しているアフリカの国は、ガーナである。ガーナの知財弁護士たちは、アフリカで最も頼れる存在で、ガーナ政府は海外の権利者に好意的であり、知財裁判は客観的で公平である。そのためアフリカでの知財活動を考えるにはガーナを軸にして、他の国はガーナとの差異を認識する。

ガーナの次のレベルで知財をしっかり運用しているのは、ザンビア、ジンバブエ、ケニア、ウガンダである。これらの国にも歴史的にちゃんと知財を扱ってきた法曹がおり、政府の知財への認識も高く、その国のしっかりした大学がバックアップしている。

これらの国に基本的に共通するのは、海外からの技術の導入への意欲が高い点である。つまり、海外の権利者はその国に技術を移転し投資をしてくれる存在であるからこそ、守られる。日本企業がアフリカで知財活動をするときには、それをチラつかせなければならない。もし、日本企業の知財を侵害しているのが中国や韓国など他の外国企業であるときには、それらの企業よりも自分たちがより多く技術を移転し、投資をするという姿勢を示すことでより大きな協力が得られる。模倣品、侵害品をもってアフリカのビジネスを奪いにくる企業を排除するのは、自分たちこそがそこでビジネスをするためである。

英語圏の出願からトライ

アフリカには、ひとつの出願で多くの国をカバーする広域知的財産制度というのがある。英語圏の16ヵ国（ＡＲＩＰＯ）と仏語圏の16ヵ国（ＯＡＰＩ）のふたつがあるが、ガーナなどは皆、英語圏側で、知財をうまく使おうとするならまず英語圏側からになる。これらの国にはタンザニア、モザンビーク、モーリシャスなど小さいながらも非常にしっかりした国が含まれている。

仏語圏のほうは、コンゴ、セネガル、ニジェールなどが含まれるが、機能は低調である。そのため、しばらくは知財活動を見合わせてもいい。なぜなら、出願しても費用が無駄になる恐れが大きい。また、ＡＲＩＰＯやＯＡＰＩに加盟していないエジプトは内政問題があるため、現時点では様子を見る程度にするにしても、同じく加盟していない南アフリカの知財の機能は、相当しっかりしている。

以上のような情報を知ることにより、自社の知財活動の方向性がはっきりする。自社のビジネスが進出する予定の国で、知財が機能しているところを選んで出願すればいい。内容が公知になってから出願しても権利登録にはならないため、むしろビジネスを予測して前もって判断することが必要になる。知財はビジネス進出の先兵なのである。

日本企業がアフリカ市場で今後どう戦うか。勝ちたいならビジネスに先駆けて自ら足を運んで現地で自分の目でその国の知財制度が使えるかどうか、頼りにする相手はどんな人がいるかを見ておかなければならない。

世界同時発明への対応

ひとつのアイデアが多くの特許を生み出す

あるアイデアがある。それを具体的に展開するときの手法というものがある。それは、アイデアをじっと見つめながら以下のように考えるのである。

一部の要素を他の要素と置き換えてみる。
他の要素と組み合わせてみる。
サイズを極端に大きくする。
サイズを極端に小さくする。
逆順にアプローチしてみる。
一部を否定してみる。
ひねりとねじれをいれる。
別の技術領域で使ってみる。

現実的なものから空想にシフトしてみる。

これは企業内で発明を生み出す訓練に使われる手法だが、世界の特許出願の大半はこのようにして改良されたものである。アメリカの特許出願の書類には最も近い先行技術は何であったかを記載するところがあり、そこで引用された先行技術をたどっていくと、たくさんの特許がたったひとつのアイデアにたどりつくことがある。歴史上、世界の大発明と言われるものでも、同じタイミングで複数の同時発明が起きている。

電話を発明したベルは、同じ発明をしたグレイという人が特許出願書類を準備していると聞き、急いで書類を作り、完成もしていないのに完成と記して一足先に特許出願をしたという。同時発明は、集積回路2人、蒸気船5人、温度計6人、望遠鏡9人などと枚挙にいとまがないほど存在し、出願書類を作るのが早かったほうが名を残している。

このような同時発明が起きるひとつの理由は、人間の思考パターンが類似しており、何かひとつのアイデアをきっかけとして具体的に展開するパターンが似通っているからだろう。もうひとつ理由があるとすれば、モルフォジェネテック・フィールド理論というものがある。

これは生物の同一種が同じ形態や行動をとるのは、同一種間で共鳴現象が起きることによってであり、例えばロンドンの実験室でラットにある行動パターンを学習させた場合、ニューヨークで全く別のラットがあたかも学習したかのように振る舞う、というものである。このようなことがあるとすれば、人類の思考は時代の流れの中で一斉に共鳴し、ステップアップするのかもしれない。

特許情報は、公開されれば世界のどこでも知ることができる。他人の特許出願書類を見てそれをヒントにし改良発明を作るのは、ゼロから生み出すのと違い、比較的簡単である。

しかし特許制度は、このようなことに対応しきれていない。同時発明が世界中で発生しているにもかかわらず、出願が早い者に20年もの強い独占権を与え、他のすべての開発投資や努力を拒否する。

一秒でも早く特許を出す

もし、同時に生まれた発明の存在を制度的に認めるとしたらどうすればいいか。

それには著作権が参考になる。著作権は、ある国のどこかで著作が生じると、無方式で（ベルヌ条約加盟）各国で同時に各国法に基づく著作権が発生する。つまり、同時著作を世界でありうることとして許容する。著作物に利用者がアクセスして、それを加工するとそこでも著作権が発生する。

とはいえ発生はこのように解決できるとしても、権利として使うときの著作権法には限界がある。というのも、国単位での権利行使で次第に収拾がつかなくなるのである。

同時発明と権利行使の問題をうまく処理するためには、どうすればいいか。

例えば、機械的にできる改良発明には独占権は与えず、誰でも使えるようにする。基本発明として世界で認定されたものにだけ独占権を付与する。ただし、基本発明でも世界が必要な環境技術や健康に関する技術には、独占権は与えない。発明のインセンティブのために世界的な栄誉、賞金などを考える。特許制度自体は、「各国の産業の発展のため」から「人類の幸福のため」と目的を変更する。

しかしこういう話は将来の話として、今はまだ発明が生まれたら一秒でも早く特許出願をするに越したことはない。

本田さんの１９６６年の言葉がある。

「発明・創意・工夫の中で一番大切なのが時間で、いくら良い発明をしても、百万分の一秒遅れたら、発明でも発見でもない。アイデアと時間は絶対的なもので切り離すことはできないのだ」

それから60年近く経った今も、この言葉の重要性は変わらない。

インテレクチャル・ヴェンチャーズに、特許の公開された書類をじっと見つめて瞑想する部隊が存在することが、ザ・ニューヨーカー誌に載っている。最新の特許情報を見て次に何がイノベーションとして世界で起きるかを想像するのは、理にかなっている。イノベーションは現場の経験だけから生まれるものではない。これを組織的に行うのは、今までにない特許公開情報の使い方である。瞑想する部隊はおそらく未来を想像し、いつ、どの順に実現するか考える。このような特許情報の使い方は、誰も考えていなかったものである。このやり方を日本で試すとしたら、どのような組織で可能か。この先に、新しい知的創造の世界の大きな広がりがありそうだ。

COLUMN
アメリカの航空機開発

ホンダのジェット機は、すでにアメリカでエンジンも機体もホンダ製で量産がスタートしている。

ホンダの基礎研究所での航空機の開発は25年ほど前まで遡り、初号機のテスト飛行はアメリカのミシシッピ州立大学の飛行場を借りて行っていた。

日本でなぜやらなかったのか。私もこの企画に参加したが、日本での航空機製造や飛行テストは経済産業省による徹底的な管理下で行われる。他方アメリカの航空宇宙局に話を聞きにいくと、アメリカでは自作の飛行機を勝手に作って飛ばしても特に問題はなく、自由度は全く違っていた。アメリカでやろうという提案書は、ごく当然の結論であった。

私も、ミシシッピ州立大学でのテスト飛行に立ち会った。とはいえ、テスト機に搭乗するのではなく、チェイサー（追跡機）に乗ってテスト機を追う。テスト機は、まだ危ないと言えば危ない。

まず、チェイサーが先に離陸する。その後、180度向きを変えて、滑走路のほうに向かい、行き過ぎてから180度向きを変え、滑走路が左斜め前方の下に見える位置までくる。そのタイミングで初号機がゆっくりと離陸を開始する。チェイサーは、その後のテスト機がどう動こうと、ずっと左斜め前方に視認しながら距離をぴったり一定に保ちながら飛ぶ。なかなかの技量だが、チェイサーのパイロットはどう見ても70代後半のいわば後期高齢者である。

やがて一連のテスト飛行が終わり、高度を

次第に降ろし、夕方の太陽の光を反射し、テスト機は時折キラキラ光りながら着陸態勢に入る。チェイサーはテスト機の着陸を見届けていったん滑走路を通り過ぎてから、反転して進入、着陸する。

降りてからパイロットに「いつから飛んでいるのですか?」と聞いてみたところ、彼はなんと1944年のヨーロッパ戦線で戦闘機に乗っていたという。チェイサーを操るマヌーバはうまいはずで、ずっと若いときから敵の戦闘機を追いかけていたのである。そのように層の厚い人たちがサポートしてくれるのが、アメリカで行う航空機開発である。

零戦の名パイロットだった坂井三郎さんがもしテストパイロットをしているような環境があって、そういうサポートの下で研究開発ができるのなら、日本で航空機開発をすべし、と提案書に書いていたかもしれない。

当時のホンダの基礎研究所には、航空自衛隊や海上自衛隊の出身者が多く採用されていて、航空機開発に従事していた。空自と海自の元パイロットたちが、どちらの操縦がうまいかという会話は、日常的に聞くことができる環境でもあった。

第 3 章

権利行使

ドイツ企業との交渉

権利は行使してこそ

武器として知財を現場で使う場合に効果を発揮するのは、戦術のスキルである。戦略というほどのものではない。戦術をうまく使うためには情報収集、分析の徹底と同時に経験がものを言う。戦術は頭で理解したところでなかなかうまく使えるものではない。畳の上の水練ではあまり身につかず、動きのある中で身につけるノウハウのようなところがある。

ホンダに入社して少し経った頃に、当時の西ドイツへ出張する機会があった。無論カバン持ちだが、出張する目的はシュツットガルトにあるドイツ企業との交渉で、彼らの特許とホンダが採用している技術との関係を議論する会議だった。ドイツ企業は実施を認めさせてホンダから実施料を高く取りたいし、ホンダは技術の内容が違うとして払わないですませたい。

1日目の会議はなごやかに進み、この調子なら交渉はうまくいくだろうと思った。しかし、翌朝、日本からの連絡がホテルに届いていた。西ドイツの隣国のオーストリアで、このドイツ企業がホンダを特許侵害で訴えたと言うのである。彼らは昨日の会議では一言もそれを言わなかった。我々は気持ちを引き締めて、2日目の会議に臨んだ。会議の席の冒頭、「交渉することがわかっていてなぜ訴えたのか」と切り出した。そのときのドイツ企業の担当役員は「権利というのは行使するものだ」と言う。

彼らの意図は明確である。交渉の主戦場の側面に、新たな脅威をちらつかせる戦術である。側面に強力な騎兵がいることがわかれば、主戦場での戦いは浮足立ち、早急に妥協してくるだろう。側面攻撃の影響は小さくない。ごく当然の戦術を使用しただけである、と彼らはにこにこしている。

こうした経験をすると、この戦術が身につく。例えば、相手が言い逃れをしようとしている場合、反応や動きが鈍い場合、判断が保守的で硬直化している場合などで、尻を蹴り飛ばすというものである。

ドイツ企業とはボッシュであり、少し前までのボッシュの知財責任者はベルトラム・フーバー氏だった。ベルトラム・フーバー氏は、現在、IP＊SEVAヨーロッパ代表であり、私はIP＊SEVAアジア代表である。

皆、企業の第一線を退いて環境技術の世界展開というテーマの下で連携し、様々な場面で協力をしている。彼らとTV会議を毎月行うが、日米独のグローバル企業の知財戦略の違いは、実はほとんどない。それもそのはず、日米欧は互いに学んでいる歴史が長いのだから、当然である。

指揮統一の原則

知財を武器として使うと考える場合に、軍事上の戦術の法則がいいヒントになる。例えば、指揮統一の原則というのがある。エキスパートである一人の指揮官に指揮を統一し、任せるのである。指揮官が複数になればなるほど方針が定まらなくなり、いい結果につながらない。これも知財の戦術としては同じである。

知財部が原告であれ、被告であれ、知財訴訟を行おうとするとき、法務部や事業部、技術部門などの他部門に逐一承認を求めなければならない場合、この問題に直面する。

法務部は企業内では一般的に最も保守的で慎重であり、企業内では法律を遵守するコンプライアンスの責任を負う部署で、例えて言うと警察機能のような存在である。法務部は、企業が法律違反をしないように社内に目を光らせるのが仕事である。警察官を戦闘に投入してはいけないのである。

他方、知財の仕事は他社の侵害を許さずとして外に向かって攻撃する、いわば軍事機能のようなところがあり、勝敗の見通しを立てながら外と争うのが仕事である。無論、知財部門と法務部門が組織的に統合されている企業もあるし、人事異動でのローテーション先としても職種として共通性があり、個人的な資質の問題としてではなく、警察と軍の関係を考えて、機能を区別して考えるほうがいいという意味である。

知財部門が戦術的に勝つ見通しを持っているとしても、経営者は企業の戦略を考えなければならない。もし負けたら企業としてのリスクはどうなるか。相手に支払うことになるかもしれない金額を引当金として計上しておかなければならないとか、メディアにどのように掲載されるか、などである。それは経営者の機能であり、軍と警察の機能を統括する政治といったところである。

ホンダが原告として行った中国での意匠権侵害裁判の第一審で、敗訴になったことがある。知財部は勝つという見通しを立てていた。ところが、第二審でも負けてしまった。中国のメディアも日本のメディアも辛口の記事を掲載したが、勝てると思っているならそこで止めてはならない。さらに上級審に上げ、その結果、中国の最高人民法院で逆転勝訴になった。これは、勝つという見通しを後押ししてくれた経営の力も大きい。

勝つ経験はスキルの向上につながる。知財を武器としてうまく使うには、実戦が最もいい訓練である。

中国企業との交渉

相手のウィンは、こちらのルーズ

権利侵害事件で相手方と直接交渉をして決着させることは、企業の知財部門長にとって重要な仕事である。裁判までいかずに当事者同士の交渉で解決するのがほとんどのケースであり、交渉力があるかどうかは結果として大きな差となる。権利侵害の交渉は真正面から対立するタイプの交渉であり、結構ハードである。権利者にとっては侵害者を排除することが目的になり、侵害者はビジネスを失う可能性があるため必死で抵抗する。

あるとき中国の侵害者に対し、権利者として直接交渉をすることになった。場所は北京のホテルである。

交渉は交渉学という分野もあるほど、様々な交渉のテクニックが学問にまでなっている。それはそれで知っておくべきである。自分で使うこともあるが、知っておくことにより、相手の仕掛けの意図がわかりやすくなるため柔軟に対応できる。

個々の交渉テクニックは学ぶことができるが、交渉スタイルは交渉者の個性による。尊大で偉そうに振る舞うことによって威圧感を出せる人は、それが交渉スタイルになるし、論理的に冷たく追い詰めることができる人は、それがスタイルになる。

一般的に日本企業はチームで交渉に臨むことが多く、素直な交渉スタイルをとる。それでも勉強量が豊富で判断レベルが高い日本企業の社員たちは、知的財産権での外国企業との交渉では比較的有利に展開できることが多い。問題は相手を理解しすぎ、優しすぎる点である。日本企業は互いに優しさに慣れすぎている。

自分が権利者として交渉に臨む場合は、最初から優位なポジションに立っている。そういうときは余裕があるので、その傾向がさらに強くなる。

中国の侵害者との会合では、会議場所である中国のホテルの部屋に「ホンダと合作の会議」という看板が出ていた。秘密裡の会議のはずだったのに、彼らが勝手にホテルに頼んで用意させたものである。

それを見ながら「自分はホンダに憧れている。同じような技術を使ってみたい。だから、技術を模倣＝学んだだけなのだ。知財に触れることはわかっているが、それでも学ぼうという姿勢を許してくれるのではないか。うまくいけば、今後は技術を学ばせてくれるのではないか。その先は提携という可能性もあるのではないか。今回の会議で自分がうまく合作＝提携という話までもっていければ、自分の評価も上がり自社にとって大きな転機になるはず」という相手方の思いを感じた。

彼らが部屋に入ってきてこちらを見る。彼らの眼差しは期待にあふれ、微笑みを浮かべている。

日本企業の社員がこういう場合に優しすぎるというのは、相手の気持ちを察してしまい、相手を立てたウィンウィンの解決策を考えるからである。彼らは出遅れた連中なので、よく知らずに侵害したのだろう、ここは教えなければならない、という優しさにあふれた態度になる。

しかし、ウィンウィンの解決策とは聞こえはいいが、相手のウィンはこちらのルーズでしかないことを思い知るべきである。知財の権利行使は、一社に手加減するとそこに最恵待遇を与えたようになり、そのことによって、他の会社への権利行使はすべてが同じ条件にまで引き下げられる可能性がある。彼らの期待を込めた眼差しに気がついたとしても、それはそれ、これはこれ、この場合はまず侵害の即時停止、侵害品の廃棄でしかない。

知的財産権は独占を許される強力な権利だが、侵害を許しライセンスを与えるのは将来のライバルを育てることに直結する。交渉は、自社のビジネスへの影響をドライに計算しなければならない。

新興国企業「背伸び」の代償

なぜ日本の知財訴訟は少ないのか？

企業間競争でライバルの成功商品が知財で守られているなら、こちらはもっといい商品を開発し、いい知財をとればいい。それは繰り返されるスパイラルアップであり、ライバルと勝ったり負けたりして切磋琢磨することによって双方が成長する。その過程で知財の責任者たちは交渉を繰り返し、ライバルの知財の責任者たちと親しくなる。

日本の知財訴訟は年間で150件程度と非常に少ないが、日本で知財訴訟が少ない理由は、知財の団体や各工業会の活動を通じて日本企業の知財の責任者たちは互いに親しく、また専門家としてキャリアが長く経験が豊富なため、わざわざ裁判をするまでもなく納得できる答えを当事者間で出せてしまうからである。

日本だけではなく、欧米の同じ業界の知財の責任者たちとも親しくなる。こうした高いレベルでの交渉は、やっていて楽しい。知識や経験で腕を競い合うようなところがある。自分も成長している実感がある。

交渉が楽しくないのは、新興国の企業が相手のときである。特許を侵害するかどうかは、技術を文章で表現した権利範囲という枠の中に、相手の商品の技術が入るかどうかという概念的な判断になる。しかし、模倣品そのものではないのでドンピシャというのは少なく、いわば白と黒の間のグレーの色の濃さがどのあたりにあるのか判断する、と言うとイメージが近いかもしれない。白っぽいグレーなら大丈夫そうだし、黒っぽいグレーは危ない。

しかし、新興国の企業はほとんど黒でも商品を市場に出してくる。それは、遅れて競争に参加したために、進んだ企業の商品をギリギリのところで真似して追いつこうとするためである。他社の知財を黙って使うことはあっても、決して使用申し入れはしない。なぜなら申し入れをすれば、多額の実施料を取られる結果になるからだ。

そうした背景もあり、新興国企業、特に韓国企業の知財の責任者は黒を黒と認めない。市場に出したあとでもし黒と認めたら、判断ミスとして即座に首が飛ぶそうである。したがって、絶対折れることの許されない相手と交渉しても時間の無駄ということになるので、いきなり訴訟にもっていくことになる。そのほうが話は早いし、彼らにとっても負けたら裁判官の判断ミスのせいにする言い訳もできるため、訴訟を好む。かくして日米欧の企業対新興国企業の知財バトルは、交渉なしで裁判所に直行することになる。

中国企業・韓国企業の主張の仕方

例えば、韓国企業が世界中の輸出先各国で毎年新しく知財訴訟で被告になるのは300件近く発生しているが、背伸びをして商品を出すとき、知財侵害というツケは大きくなる。その先のいつか、新興国企業も黒を白と無理に言わずに、ライバルの知財を尊重した交渉をするようになるだろう。そのときには、彼らとの交渉もたぶん楽しいものになっているはずである。

私には中国人や韓国人の友人も多くいるが、個人としての彼らはいい連中である。しかしながら、国または企業の行動となる場合、違和感が強い。それがどこからくるのか。私が自分で納得している理由は、以下のようなものである。

中国は儒教が長い間の行動原理であり、それはヨーロッパ人にとってキリスト教が行動原理であるのと同様である。儒教は唐の頃に支配的に確立したが、唐以降の政権が頼りにならず、ときによって異民族の政権が長く居座ることもあったため、精神的にすがる拠り所になった。そして今は、たとえ共産党が何と言おうが、儒教から見て正しいかどうかを判断基準とする。

儒教は、一族をすべてに優先して考える。一族の誰かが官僚として出世すれば、一族の人たちを次々に周辺に登用し、また誰かが商売で儲けた場合には、利権により得た金は一族に分ける。公私混同というよりも、儒教にしたがって自分が何を優先するかという行動をしているだけである。

韓国は歴史上、いつも中国の侵略から自分を守るために中国に合わせるように行動してきた。唐の頃の朝鮮半島は新羅という国名だが、自分の名前を金とか李とかの中国名に名前を切り替えて儒教を導入し、必死になってその優等生であろうとした。そのため、一族をすべてに優先させる行動原理は中国と同じである。一族と言っても10親等ぐらいまでが対象になる。

例えば、5代前の共通の祖先まで遡り、また5代降りてくると10親等になるが、その一族は数百人の規模になる。商売がうまくいけば、一族による財閥が容易に形成されることになる。韓国の企業は財閥が中心だが、企業運営をする際に人脈や賄賂を多用するのは、儒教の影響による行動である。韓国の大統領が、親族に便宜を図りすぎて退任後に訴追されることが多いのは、これで理解できる。

遅れてグローバル競争に参入した韓国企業は、市場で認知されるために世界中で賄賂を使って市場に入る手法をとるが、その巧妙さにおいて他の国の企業とはレベルが違っている。例えば、韓国企業名が認知されていない国で市場に自社の名前を知ってもらうために、公共施設を管轄している当局に賄賂を使い、市場の目に触れるように商品を置く。そのときに賄賂を使う。

行動原理としての儒教を見ると、朱子学になる。朱子学は一言で言うと、自分の正当性のみを主張し、相手を攻撃し、譲るところがない。中国企業や韓国企業と交渉をすると、常にこうである。自分で特許を侵害しようが、ノウハウを盗もうが、悪いのは自分であるにもかかわらず、相手を攻撃すべしとするのは朱子学の教えである。彼らと議論してその頑固さに辟易する経験は多くの日本企業がしているが、それは単に彼らの朱子学に基づく行動である。

そう理解すると、こちらの対応は一気に楽になる。対応は、より頑固になって相手を辟易させればいい。

朱子学が行動原理の相手と交渉するときには、絶対に譲ってはならない。それでは永遠に解決しないかというとそうではなく、双方とも譲らずという決着の仕方をとる。それで困るのはどちらかという次元での勝負に持ち込むのである。結果は、第三国での訴訟で決着ということにもなるが、当然ながら実力があるほうに有利に展開する。それが基本的な交渉戦術である。

アフリカでの権利行使

特許権がないときにも戦う

知財制度は、基本的にはいまだに各国別である。特許権や意匠権はそれぞれの国に出願しておかなければ使えない。またある国での裁判結果は、他の国の裁判所では基本的には使えない。こういった状況は、それぞれの国の主権の下での知財制度であり司法制度である以上、今のところ仕方がない。

ところが、商品は柔軟に国境を越えて移動する。ある国に知財権を持っていてそこで権利行使したとしても、知財権のない隣の国に商品を持って行かれると、楽々と逃げられてしまう。実際にある国で侵害を発見し警告書を送った翌年には、その国での侵害品は著しく減少し、その代わりに別の国で販売が急増する。これは、商品販売データ上はっきり表れるが、変化を見ていると、まるで全世界もぐらたたき知財版である。

新興国の企業は、進んだ技術を持つ企業の特許公開公報を参考にして、商品を作り、相手企業が出願していない国を選んでそこに輸出して稼ぐ戦略をとる。そのような戦略をとる以上、こちら側がどの国に出願しているかはとっくに調べ上げている。もぐらもしたたかで、模倣品で金を稼ぐ以上彼らもそれぐらいのことはする。ならば、こちらも万遍なく出願すればいいかとなると、莫大な費用がかかる。なにしろ日米欧3極に1件の発明を特許出願し、有効期間である20年間の維持費用と代理人の費用を合算すると、1000万円もかかるのである。とても、アフリカでの出願にまで金がまわらない。

アフリカのある国で模倣品が出回っていた。なんとかしなければ、こちらのシェアが食われる。しかし、登録された知的財産権がない。

とはいえ、ここであきらめてはならない。特許権や意匠権などのように登録されてはいないが、著作権侵害と不正競争防止法違反が使える。著作権は出願する必要がなく、何か新しいものを創作したら即座に全世界で通用する。

つまり日本であろうがどこであろうが、自分の持っている写真や図面などを総動員して著作権侵害の主張ができる。よくしたことに模倣品はぴったり正確に作ってくれるので、著作権侵害は言いやすい。不正競争防止法も世界中の国でＴＲＩＰＳ（知的所有権の貿易関連の側面に関する協定）という知財保護国際ルールにしたがって法律が整備されているので、これも主張できる。

実は、世界で争われている知財訴訟の半分以上は著作権侵害と不正競争防止法違反を根拠にしている。ではやってみようということでその前にシミュレーションをしてみると、見通しは大体半々になる。やはり特許権や意匠権のように、審査を経て登録になったような押しも押されもしない権利のようなわけにはいかない。最後まで争えば結果はどうなるかわからない。そういうときは、まず訴訟を仕掛けておいて本気であることを相手に示し、途中から交渉に入る戦術をとる。訴訟に最後まで頼るわけではないので、どのあたりで決着させるか、解決は自己の手中にある。

こういうことを多く経験することにより、戦いのスキルが身につく。この件は、やはり途中で相手が折れてきた。登録された権利がないとして最初にあきらめたら、身につくものは何もない。

今後伸びるアフリカの知財に注意

アフリカに事業進出をするときに、どの国も同じということはなく、確実に経済成長をしている国を選ぶ。外国からの投資を誘い込むためにも、そうした国の制度はしっかりしている。

２０１１年から２０１５年までの経済成長率予測を世界で見ると、中国、インドの次はエチオピア、モザンビーク、タンザニアが続き、トップ10のうち７ヵ国がアフリカの国である。なんと有望な地域であることか。これらの国に事業進出をすれば、将来のビジネスチャンスは大きいだろう。それなら事業が進出する前に知財制度を見て、どの国がしっかり守ってくれるか確認しておくべきである。

ナイジェリアで権利行使をしようとしたことがある。ナイジェリアは中国企業が多く進出し、当然のように模倣品がはびこっている。ところが現地サイドからやめてくれ、と連絡が入った。警察も含めて官庁が賄賂で動いており、中国人のネットワークもあって下手をすると逆襲されることになるらしい。それでもやろう、と言いたいところだが、このときはやめた。

知財部のメンバーの出張対応は安全をある程度確保して行うが、現地駐在員は日常のことなので、リスクの大きさが違う。

ナイジェリアだけではなく、西アフリカ地域は多かれ少なかれそのような状況であり、世界地図の中で見て唯一対応しなかった地域だった。その後、エボラ出血熱は西アフリカ地域で広がったので、ますます遠のいてしまったが、アフリカの他の地域は経済的に急速に成長しており、日本企業は意識してアフリカを見ておかなければならない。

中南米での権利行使

賄賂との戦い

裁判が公平に行われているかどうか疑問がある国は、世界に多くある。公平に見えない裁判は、自国の企業に有利な判決を出すような比較的理解しやすいものもある。

例えば、中国の最高人民法院第三次五か年改革綱要（2009年3月）には、「党による指導を堅持し、国情ありきという姿勢を堅持する」と書かれているが、これは中国の経済の都合により裁判をするという意味になり、外国企業からの中国企業に対する差止請求は（国情により）認めなくてもいい、と解釈できるそうである。

国の政策や社会の動きは人間が行う以上こんなものである、と割り切って考えておくと、物事を窮屈にとらえずに、より自由度が増す。知財裁判においても厳密に法律にしたがって粛々と訴訟手続きを行い、天命のごとき判決を待つという行動ではなく、あれこれ自由に仕掛けてみることになる。

中南米で原告として知財裁判を多く行った。そのうち中米は、メキシコから南側のエリアでグアテマラやコスタリカなどの7ヵ国、それにカリブ海の諸国も中米に入れると結構多くなる。この地域だけではなく、裁判を行うときに考えておくのは賄賂という手法の存在である。日本企業は基本的に賄賂を使わない。したがって、相手側が賄賂を使えばその結果こちら側は負けるべくして負ける。客観的には勝つ案件が負ける場合の多くは、おそらく賄賂が影響している可能性は大きい。賄賂はビジネスを動かしたとしても、外からはよくわからない。常に噂の域を出ないが、こりゃあどう見てもおかしい、というときには高い確率で賄賂が介在する。

こういう場合の戦い方として、裁判官自身に職務への忠誠度を発揮してもらうことが有効である。

例えば、裁判官に直接会ってそれをお願いする。会うためには、様々なルートを使う。訴訟当事者が、係属中の裁判所またはその上級裁判所の裁判官に会おうとしても普通はまず無理だが、外務省や大使館から先方の裁判所に紹介のレターを発行してもらうとか、現地の子会社社長に動いてもらうなど、あの手この手を使えば、会える可能性がある。

心を動かす交渉術

第一審で負けたときに、あの手この手を使い、その国の最高裁長官に会うことになった。そこで何を手土産にするか。まさか賄賂ではない。

最高裁の会議室は歴代の判事の肖像画が並ぶ堅い雰囲気である。背もたれに手の込んだ木彫のある重い椅子に座り、長官と会合を行った。こちらからまず手短に、今抱えている案件の概要と自分としての判断を説明した。しかし、案件の概要を理解してもらうのが会合の目的ではない。引き続き次のような話をした。

「この国では、本件のような知的財産に関する判例はまだ少ない。近隣の国でもそうである。そこで、知的財産に関して誰もが納得するいい判決が出されたら、中米での知的財産のリーディングケースとして評価されるだろう。自分がそれを世界に向かって発信してもいい。そのような判例により、この国は知的財産を保護する国として認識され、海外からの企業の投資を誘う結果に結びつくはず」

この話の途中で、彼がほんの少し身を乗り出し、じっと耳を傾け集中していることに気がついた。彼は考慮に値する話として、認識したのではないか。会合の目的は達した。あとは彼に任せて、こちらとしては公平な判決を待てばよい。

そしてその会合があってから数ヶ月経ったある日、被告側の企業がもう終了させたいと一方的に折れる内容で和解の申し入れをしてきた。第一審で勝っているにもかかわらず、である。期待されたリーディング判決は、残念ながらそのちょっと手前で相手が降りてしまったために日の目を見ることはなかった。おそらくこちらが最高裁長官に会ったという情報が相手に伝わり、こちらが莫大な賄賂を使ったと想像し、これ以上は継続困難という判断をしたのかもしれない。実際には、日本の某お菓子屋さんの重たい羊羹4本詰め合わせだけが、彼への手土産のすべてだった。

賄賂と手土産

賄賂は、米国の海外不正行為防止法や英国の贈賄防止法などが非常に厳しく、域外適用もするため、どういうことになるか知らないと非常にリスクがある。

域外適用とは、例えば日本企業が英国に子会社があるとして、その日本企業の中国の子会社が、中国の公務員や民間人に贈賄をしたら英国法で処罰できる、というところまで拡大されている。賄賂は米国法や英国法に限らず、どこでも厳しく罰せられる違法行為なのである。ところが、手土産やお礼の品という習慣は普通に世界のどこでも存在し、賄賂になるかならないかは微妙な問題であり、全体状況の中で判断されることになる。

知財の仕事で直面するのは、取締当局または司法当局に対して何らかのお礼をする場合である。旅行やスポーツ観戦のチケット、ナイトクラブでの接待、値段の高い浮世絵の手土産などは、仕事と関連がある相手に対しては、基本的にはやらないほうがいい。

裁判をしているときに裁判官から内々で会いたいと言われるときなどは、ドキリとする。争点についての意見を聞きたいというときもあるが、何らかの便宜をはかってほしいということもある。それは金銭とは限らない。家族のための便宜であるとか、情報であるとか様々である。そのような要求に出くわす可能性はロシア、中南米、アフリカ、中国が多い。その中でも中国では水面下でいろいろあるが、他の国はより素朴でわかりやすい。

ちなみに羊羹4本は7000円ぐらいの値段だが、状況から考えてセーフと判断した。

日米中、訴訟件数のからくり

和解率が高い米中の訴訟

よりうまく知財を使うためには、知財訴訟の実情を知っておかなければならない。裁判官による判決により、白黒の決着がつくのは国や年度によって違う数字にはなるが、60％程度が途中の段階で和解や取り下げ（以下、単に和解とだけ言う）になっている。大多数の訴訟は判決が出ず、結果が公開されないためどちらが勝ったのか、外部からはわからない。和解する理由は当事者ごとにあるものの、各国ごとの事情というのもありそうである。

中国の裁判所は、訴訟件数があまりにも多すぎてやっていられないと思うらしく、社会の安定に障害にならない案件は、当事者に無理やり圧力をかけて和解させているようである。

一般に中国人たちは自分の行動について言い訳をすることが大好きだが、「自分は和解したくないが、裁判所から言われたのでやむなく和解した」と言いやすいことも圧力を受け入れるベースとしてある。こうした理由で、中国の知財訴訟の和解率は80％に近い。しかし権力による圧力は外国企業には通用しないため、外国企業との訴訟では和解率がぐっと低くなる。これらは中国企業との交渉の参考になる。

つまり、侵害を見つけたらまず訴訟を起こし、次に行政や裁判所を味方につけるため広報活動も含めてきちんと説明し、彼らの圧力を利用するという手が使えそうということである。相手が言い訳しやすい逃げ道を用意することも、中国での訴訟途中での和解を有利にする手法である。

アメリカの知財訴訟の和解率は、中国よりもっと高い。判決までいかずに当事者同士で和解するのは、90％以上になる。訴訟を仕掛けておいて、なぜ途中で和解をするのか。

アメリカでの理由は、訴訟手続きの初期段階でディスカバリという証拠開示のシステムがあることが大きい。ディスカバリは、お互いに所有する証拠を見せ合うもので、相手の証拠がわかれば当事者間で落とし所がわかり、答えを出せる。これは、公平な場を提供して当事者の決闘に任せるアメリカ的な方法である。そこで解決するようにする。

しない場合、次のステップのトライアルに進むが、これは素人の陪審員が特許技術の判断をするので、信頼性は低い。負けたとしても、知財高裁であるＣＡＦＣ（米国の連邦巡回区控訴裁判所）に控訴すれば、ここは知財のプロの裁判官たちなので勝てる案件は大体勝てる。これらを理解しておくことが、アメリカで知財訴訟をするコツである。

裁判をせずに解決できる日本

日本では、2010年に提起された知財訴訟のうち43・6%が和解になっている。日本企業は、日本知的財産協会などのネットワークを通じて、紛争を当事者間で事前に解決できることが多い。訴訟は厄介な案件であり、当事者間で解決できないために裁判所に判断を預けるのだという気持ちがある結果、和解率が低くなっており、4割以上で判決が出ている。日本では、法廷に出かけて争う数は少ないが、行くときは当事者では解決できないこじれた案件が多く、事前交渉のネットワークのないベンチャー企業からの少々無理な訴えも多いので、結果として原告敗訴の数が多くなっているようでもある。

余談だが、西暦238年に書かれた三国志・魏志の東夷伝に倭人という章がある。その中に、「その俗、……妬忌せず、盗窃せず、諍訟少なし……辞を伝え、事を説くには、あるいは蹲り、これが恭順を為す。対応の声を噫《はい》という。……乃ち共に一女子を立てて王となす。名付けてひみこという」と記載されている。これを読んで納得してしまうのは、約1800年前から日本では係争訴訟が少なかったという記述である。今更何も日本の知財訴訟件数の少なさを嘆く必要などなく、急に増えたらどうかしている。

中国やアメリカなど世界で知財訴訟が多いのは、当事者間の事前交渉ネットワークがないため、まず訴えてから交渉するのが普通だからである。そのため、訴訟件数は多いものの途中での和解も多く、交渉する前にまず裁判所に行って訴えるというやり方をとる。日本企業がグローバルで戦うときには、この実情を理解し、アメリカと中国においては事前交渉をする前にまず訴訟を仕掛けるという行動をとるべきである。

知財交渉は、右手で剣をふりかざしながら左手で握手を求めるようなものである。剣は権利として常に使う姿勢を見せなければならない。訴訟を起こし、剣をふりかざしたとしても、最後までいく必要はなく、どこで和解に落とすか、それをうまくやるには普段からそれを作戦のひとつとして準備し、経験しておくことである。

将来の中国企業との訴訟への準備

2012年における知財関連の新規発生訴訟件数は、日本において約500件、米国で800件、中国では6万件になる。これには特許権、実用新案権、意匠権および商標権だけではなく、著作権や不正競争防止法による訴訟も含まれる。2012年の中国の訴訟は、97~98%が中国企業または中国人同士の争いのようである。

なぜ、中国でこのように訴訟が多いのか。我々が想像する以上に中国企業同士の模倣や権利侵害は多く、そのため権利行使をしないとどうにもならないようでもある。もしそうなら、この訴訟件数の多さは中国内に留まる話である。しかし現段階でそうだとしても、将来の状況は違うだろう。

今は中国内とはいえども知財訴訟を多く経験し、訓練されスキルのある中国企業の知財部員や中国人弁護士たちが大量にできあがれば、知財を外国で保有することにより、権利行使をするのは当然の帰結である。訴訟のスキルがあれば、これを使わずにはいられない。

これに今から準備しておくのが、日本企業の知財戦略の重要な項目になる。

中国国内での知財裁判への備えとしては、日本企業は今のうちに中国の判例や事例を知っておくための長期出張や駐在を出して情報を集め、それとともに中国の優秀な弁護士をマークしておき、味方側につけるというような活動をしておかなければならない。ホンダでは、意図的にそのようにした。

同時に、他の国で行われる中国企業との知財裁判も想定しておかなければならない。

日本企業は全般にアメリカでの被告事件には慣れていると言えるが、原告事件の経験が少ない。被告事件ばかり扱っていると、どうしても防御中心になり、どこから攻められてもなんとかなるようにと、万遍なく出願件数を増やすことが知財戦略の中心になる。中国企業との訴訟の準備もその延長で行うなら、結局はうまくいかない。

日本企業は、多くの技術分野で世界に先行している。先行者利益を維持していくには、常に市場を見てどの企業をターゲットにして攻めるかを考えなければならない。日本企業は今、原告裁判を多く経験することによりスキルアップを図っておくべきである。物事は経験すればするほどスキルが上がるのである。

世界同時訴訟

中国以外の国で勝訴判決を得る

いい商品ほど世界中で流通する。その場合、類似品や模倣品による知財の侵害問題は世界中で同じ時期に同じような内容で発生するが、輸出により各国にばらまかれた商品にどのように対処するのが有効であるか。普通に考えると製造国で裁判を起こすこと、つまりもとを断つのが、最も少ない費用で早く製造をやめさせられるはずである。しかし、国によってはそうはいかない。中国で行う裁判は延々と時間がかかり、模倣品メーカーはその間にできるだけ稼ぎながら侵害部分を変更するというのがお決まりのパターンである。裁判所は、あたかも稼がせて売り逃げさせるために、長い時間を使っているのではないかと勘繰るほどでもある。

そういう事案がホンダで発生した。世界中で急速に中国の模倣品メーカーの売り上げが伸びていた。外観は別だが、カバーを外すとほとんど同じ中味の商品である。しかも、10件近く特許侵害をしている。

この場合に有効な手として考えられるのは、中国以外の複数の国で勝訴判決を先に得て、模倣品メーカーを管轄する中国の行政当局にその勝訴判決を示すことにより、行政指導により侵害行為をやめさせるという方法がある。実際に輸出先の各国で差し止めが続出すれば、行政当局として見過ごすわけにはいかなくなるだろう。行政当局による指導が強い中国のような国で、有効な手である。

こう書くと簡単そうに見えるが、うまく実行するには作戦が必要である。例えば信頼できる判決を早く出してくれるドイツなどでまず訴訟を起こし、その勝訴判決をちらつかせながら次の国での訴訟につなげるとか、エックスディを決めて同日に一斉にやるとかである。それは大がかりで大変なこととはいえ、原告側は主導権を握っていて自由に設定できるのに対し、防戦にまわる被告のほうは振り回されて、はるかに大変である。

同じ日に訴訟を提起するのもいいが、ちょっとずらしてじわじわ圧力をかけるのもいい。まずドイツから始めていくつかの国で訴え、最後に市場は大きいが金もかかるアメリカにすることにした。

味方につける欧州やアメリカの弁護士は、他の国の知財裁判も自分に任せてほしいと提案してくるが、勝つために金に糸目をつけないというならまだしも、こういう場合に他人に預けすぎてはならない。仕事はやればやるほど経験値が上がるのであり、社内の人材を育成する絶好のチャンスなのである。一度経験すると、次の同じような案件ではずっとうまくできるようになる。それは実戦を通じて各国の知財制度や裁判の違いを理解し、各国の弁護士や裁判官の考え方の違い、マインドの違いを肌で感じ、それにより裁判の結果が予想できるようになるからである。

これぞ、日本企業の知財のグローバル人材育成と言うべきだろう。なにも外国の法律事務所に仕事を任せて、彼らの人材育成をする必要などない。

知財の裁判は、議論の対象となる権利と商品に共通性がある場合、どこの国でやっても同じような判断を期待するため、各種裁判の中で最も国際標準の進む領域のひとつである。したがって、勝てる案件は別の国でも同じように勝つ結果になる。

ホンダのケースでは、世界各国の市場にばらまかれた侵害品に対し、各国で裁判を仕掛けて勝訴判決を得て、最後にアメリカで訴訟を開始した。その段階で、相手側は侵害品の輸出を断念して設計を変更した。設計変更により性能が落ちた彼らの商品はもはや競合するレベルではなく、彼らの事業は大幅に縮小された。もはや、管轄する行政当局を訪問して行政指導を要請する必要はなくなった。我々は豊富な経験を得ることができ、作戦は目的を達成して終了した。

勝率を上げるために必要なこと

日本企業が海外の訴訟代理人と直接連絡を取り合って海外の知財訴訟を遂行するときにも、日本人の弁護士が介入してくれると格段に楽になる。

日本の大企業といえども、自分の側である海外の弁護士たちとうまく仕事をするのは相応の知識と経験が必要であり、すべての日本企業がうまくできるわけではない。そうした状況下で、日本人の弁護士が日本企業の海外での知財裁判を支援する効果は非常に大きい。その仕事を、日本語のできる外国人弁護士たちに奪われてはならない。ここに、日本人の弁護士の大きなビジネスチャンスがある。

喧嘩はどれだけ準備ができているか、どれだけサポートを得られるかにより、勝ち目が多くなる。日本企業は、現地に足を運び情報収集を繰り返して、将来の訴訟を具体的に想定した施策を打つべきである。

例えば、想定される訴訟国に、知財のエキスパートを駐在に出す、各国の弁護士ネットワークを作って普段から情報交換をすると同時に訴訟のシミュレーションをする。さらに、実際に原告訴訟を起こしてみて実戦の訓練をする。これらにより、間違いなくスキルが上がり、訴訟の勝率が上がる。

知財戦略は、軍事上の戦略立案や戦術の考え方によく似ている。そのため、知財戦略の立て方や知財の使い方は、軍事上の戦略立案や戦術の考え方が非常に参考になるが、心理面でも共通点がある。

つまり、攻撃に知財を使うほうが、防御として待ち受けて知財を使うよりはるかに楽しいということである。防御だけであれば、出願の質量をいくら上げても、つまり兵器の品質を良くし数を増やしても使いこなせず、結局使わない。

日本と韓国、中国の企業の商品は似通ったものが多いが、それは日本企業が過去これらの国に技術移転したものがベースになっているからである。同じルーツの技術で出発するため、何年経っても似たような顔立ちの姉妹品や兄弟品が生まれてくる。技術移転という自分が蒔いた種と同様に、韓国企業や中国企業の商品が日本企業の製品の模倣からスタートしていれば、何年経っても商品コンセプトは同じであり続ける。ということは将来、中国企業が自分の競合製品を権利侵害で訴えるとしたら、他のどの国の企業よりも日本企業であることが多くなる。その場合に日本企業の訴訟対応力が下手であれば、訴訟で負けるたびに、日本企業はシェアを喰われる。

ホンダは2000年から2011年まで、メーカーとしては世界で最も原告側知財訴訟の多い会社だった。模倣品に対する訴訟が多いので勝つのは当然でもあるが、ほとんどに勝つことができた。訴訟を行うことにより、どのような出願をすれば訴訟にうまく使えるか、出願内容にフィードバックをかけることができる。

原告をたくさん経験すると、知財活動もそれがよりうまくできるようにシフトされることになる。訴訟に使えるものを中心に出願し、出願後は常に市場を見に行く行動をとる。逆に裁判で被告にならないようにという心理のもとで仕事をすると、どうしても全方位で守ろうとして出願件数ばかりがどんどん増え、その後は座したまま、小動物のように狙われるのを待つようになる。20世紀にアメリカの企業に狙われ、被告をたくさん経験してしまった後遺症のある企業はいまだにその傾向が強いかもしれないが、もう変わらなければならない。

中国の地方都市での訴訟

劣勢からの巻き返し

日本企業が中国の地方都市で知財裁判を行うと、負けることが多い。中国の地方都市の裁判官の任命は地方都市の人民代表大会で選ばれるが、模倣品メーカーのボスが人民代表として裁判官の任命をすることもある。とはいえ、裁判官には本質的に客観的公平さが求められるので、時間の経過とともに職務への意識が成熟し、いい方向にいくことは期待できる。また、北京での裁判は客観的に勝てる案件のものは勝てる。

日本企業が将来に備えなければならないのは、裁判を多く経験することによりスキルアップを図っておくことである。物事は経験すればするほどスキルが上がるが、それは考えられる戦術をあれこれと試すからである。スキルは、動きの中で判断を繰り返すことにより身につくもので、学問としてではない。

あるとき、河北省の企業と意匠権侵害をやめさせる交渉を行った。相手はその企業のボスと河北省の地元弁護士だった。彼らにはおそらく知財の知識や交渉の経験も少ないだろうと推測し、交渉の場では長い時間をかけて意匠権侵害の事実や、こちらが落とし前をどのように考えているかについて素人に諭すように話した。彼らは言葉少なにメモをとるばかりである。やがて何も決まらないまま最後に、このままだと裁判だ、と脅しをかけて交渉は終わった。おそらく彼らは自社に持ち帰って協議をし、あれだけ説明したのだから折れてくるだろうと思った。我々は訴状をすでに準備しており、返事次第では北京で裁判を起こす準備もしていた。

しかし、彼らの対応は違っていた。すぐに河北省で非侵害確認訴訟を起こしてきたのである。彼らもまた準備していた。そして仕掛けは彼らのほうが早かった。河北省は彼らの地元であり、ボスは地元の有力者である。先に起こされてしまうと、その場所が管轄地になる。北京にもってくることができない。「しまった」と思った。しかし、初めは負けるだろうが上級審に上げていき、最後に北京の最高人民法院で勝てばいい、その見通しの上で打つ手を考えればいい。

優秀な敵は将来の味方

実際に、第一審の河北省の裁判では負けた。相手の弁護士は地方の人であり当時案件がそれほど多くなかった知財裁判など取り扱ったことがないように見えたが、なかなかどうして優れた戦術スキルを持っていた。こういう人はマークしておいて、次の機会にはこちら側の弁護士として採用するかどうかを検討すべきだろう。身をもって痛い目に遭ったときには、それぐらいの回収は考えるほうがいい。実際にホンダでもそのような事例がある。

ホンダは、２００１年に当時模倣品メーカーと言われていた新大州という企業を傘下に入れたことが話題になったが、ここは成長したいという志を持ちながらも技術を得る手段がなくて、ホンダの模倣をしていたところだった。優秀だと思ったら企業であれ、弁護士であれ、こちらに取り込むという選択は合理的である。

スキルのある弁護士を、どのように味方につけるか。多くの日本企業は、長い間取引をしている法律事務所に新しい案件をそのまま依頼する傾向がある。それはそれで自社の事情も理解してくれていて楽だし、義理もある。しかし、勝つという観点でスキルのある弁護士を見抜くことは大切である。それは中国だけではなくアメリカや他の国でも同様で、そのことにより裁判での勝率は上がる。

河北省の企業との裁判は10年を費やし、最後に北京で勝った。彼らは侵害品の生産はすでに数年前に中止させ、今ではドイツ企業の製品の模倣をしている。ホンダには近づかないほうがいいとの教訓を彼らも得たということになるが、それは攻める訴訟の副次的効果でもあった。

成功商品のコピーを許すな

模倣に寛容な東アジア文化圏

市場において成功している商品がある場合、コンセプトや機能が似た商品が市場に次々に現れてくるのはビジネスとして当然である。そのような商品に対するマーケットニーズが証明されている商品だから、間違いがない。技術的な特徴、デザイン的な特徴が成功要因であれば、フォロワーたちは特許権、意匠権を侵害しないギリギリの範囲で真似をする。ただし、それだけでは販売の拡大はできないため、フォロワーたちはより低価格、高い性能、より優れたデザインを目指すことになる。商標も同じ現象が起きる。フォロワーたちは文字の形、音の響き、色など、どことなく成功商品に似ているマークをつけたがる。

これは競争社会では当然のようでもあるが、世界を見ると必ずしもそうではなく、アジア文化圏の日本、台湾、韓国、中国において際立っている。東アジア文化圏では、書道のように手本を丸写しして練習することや、あらゆる技芸において師匠の技を弟子がそのまま真似るのが習い事の基本になっていることが、文化的に模倣に寛容な土壌になっている。

これは、インドやＡＳＥＡＮ諸国と比較すると、違いがよくわかる。インドもＡＳＥＡＮ諸国も、歴史的にヨーロッパの遵法精神を学んだ時期があり、模倣は最悪だという一般認識がある。しかし、そこでは自ら模倣品を作らないが、安いという理由で模倣品は流通する。それらの国で売られている模倣品は中国から流れてきたものが中心であり、精巧に作られて本物と見分けがつかない模倣品のトップブランド、と言うのもおかしいが、韓国からのものもある。

中国や韓国の模倣品メーカーは知財侵害であることをはっきりと認識しており、成功商品の利益を奪おうとするものである。デザイナーズブランドの時計やバッグなどの高付加価値商品の分野は高く売れるがゆえに、こうした模倣品の典型的なターゲットである。

一般的な工業製品の場合は、意図的な侵害なのか、それともギリギリで知財侵害を回避しようとするフォロワーであるのか、微妙なものが多い。しかしどちらの場合であっても、自ら名乗りを上げて「貴社の知財を使っています」などとは絶対に言わない。模倣品メーカーは意図的に知財侵害を繰り返すので、権利行使をしない権利者は恰好のターゲットである。というのも、権利者の権利により模倣品メーカーが守られるからである。

権利行使がしやすい出願

今、南米やアフリカの市場は、ありとあらゆる日本製品の模倣品がある。ASEANのような近い国の市場であれば日本企業はまだ見に行くので模倣品メーカーも進出を戸惑うが、目が届かない国の市場での日本製品は模倣のターゲットになっている。

模倣品は売れる商品の知財を意図的に侵害し、ユーザーが間違うように真似をして短期的な利益だけを上げようとする。開発投資をせず、販売後の保証をせず、ユーザーと市場を育てることをしない。模倣品によって真正品のシェアが喰われると市場は荒れるので、模倣品を見つけ出したらすぐに権利行使をしなければならない。

商標や意匠の場合には外観で判断できるため、類比判断に関する一定の知識と対象製品を多く見ているという経験の蓄積により客観的な判断が可能になる。

特許侵害の判断は、簡単ではない。外観から判断するのは難しいため、製品を購入して分解してみなければならない。そのため権利行使には、相当な日数と費用が発生することになる。

出願は権利行使がしやすいようにする。例えば、相手が使いそうな技術や見た目でわかりやすいデザインを意図的に出願することになる。出願国の選定は、模倣品の生産国への出願だけではなく、模倣品が輸出される可能性のある国にも行う。その場合、各国の制度とともに権利行使が実際上うまくいく国かどうかも事前に調査する。不正競争防止法も効果があるし、意匠制度がない国などでは著作権など別の手段を考えておく。例えば、インドネシアは２０００年に意匠制度ができたが、ＡＳＥＡＮやアフリカ諸国では意匠制度がない国も多いのである。

知財を実際に行使するには、社内他部門との連携ネットワークを使うと、効果が大きい。日本企業の知財部員だけが世界中を走り回るのではなく、販売の第一線が知財の知識を持ち、協力することが必要である。その知識とは、自社の権利としての商標、意匠、特許権のどれがその国で存在しているか、についてだが、それを知ることにより販売の現場は、市場で敏感に模倣品を察知できることになる。もし、販売の第一線の担当者が知的財産の知識や情報がなければ、模倣品を単に似ていると思うぐらいで、次のアクションにはつながらない。

特許権は、製品内部の技術であることが多いため、侵害しているかどうかについても分解検証が必要になるなど対応は簡単ではない。その点においては、意匠侵害や商標侵害は店頭で見ての外観であり、見つけやすい。そのため、自社の現地法人の営業担当に意匠権や商標権のリストを渡して、彼らの目で市場を見させるようにすることは効果が大きい。

知財の仕事は営業部門にとっては新鮮で楽しいらしく、ホンダでは海外現地法人の営業部門からこの経験を通じて、職種を知財部門に変えて仕事をしたいと異動を申請してくる人もいるほどである。

次のアクションとは専門的な判断であり、権利行使するかどうかの判断である。それには、知財のエキスパートの判断が必要である。ケースが多ければ知財エキスパートは現地に駐在したほうがよく、権利行使の判断、現地の行政当局への連絡や、他の国の営業部門、現地法律事務所への依頼などを行わなければならない。

広報と知財

知財活動のひとつに広報活動もある。定期的に現地の新聞等で自社の有する知的財産の説明、例えば商標としてどのようなものがあり、意匠権としてどのようなものがあるかをＰＲすることにより、知的財産を尊重する啓蒙につながる。これは知的財産を事後的に権利主張するのみではなく、事前に主張しておくという活動である。

先進国でも大差はないだろうが、知財の存在や有効に継続しているかどうかは、特別な検索や調査が必要で、一般には非常にわかりにくい。そのため、事前に知財をＰＲしておくという活動は一定の効果があり、さらにメッセージとして知的財産の正当な権利者は、ブランドを守り品質保証をするという宣言になる。

コスタリカに二輪車の模倣品が大量に出回ったとき、ホンダはこの国に特許も意匠権もなく、ホンダのマークの商標があるだけだった。それだけだと、マークを外されると手が出せなくなる。そこで負けてはいられないので、考えた末にブラフをかけることにした。一般的なメッセージとして「ホンダは知財の侵害を絶対に許さない！」という新聞広告を出した。権利の詳細を実はこれしかありませんなどと言う必要はなく、一般的な話として書けばいい。しかし輸入業者は気合いに恐れをなしたらしく、輸入をやめてしまった。

COLUMN
事故率NO.1の国・ロシア

ロシアでの移動は、命がけである。道路交通事故死亡率は100万人あたり190人と堂々の世界一で日本の4倍以上、フォーブス誌のランキングによると世界で最も危険な道路のある国は、これもまたロシア。動画サイトではロシアの交通事故のコンパイレーションをたくさん見ることができるが、ありえないような事故がごく普通に起きている。

ロシアの各地域で見ると、モスクワから250キロメートル離れたイヴァノヴォが断トツの1位で、以下マリエル、アルハンゲリスクが続き、モスクワはロシアの中ではまだ安全なところである。街中はタクシーの数が少ないため、手を挙げると白タクが普通に停まる。外国人と見ると、親切心からなのか小遣いを稼げると思うのか、よく停まってくれるが、これに乗るのは考えものである。トラブルになったときには世界のどこでもそうだが、言葉が通じないと話がこじれたときに対処しようがない。そのため、別の手段があるときには使わないほうがいい。

私は移動については友人のロシア人に運転を頼んでいる。彼に聞くと、ロシアでは運転免許証取得の際に実技試験がないため、ごく簡単にとれるという。そのため、下手な人が多いし、アルコールの飲み過ぎが原因での事故が多いという答えが返ってくる。という彼もまたごく普通に飲酒運転をするので、友人の車といえども命がけにはなる。

第4章

パテントトロールと異分野からの参入

金融からの参入

急上昇してきた知財の価値

20世紀の知財の仕事は、いわば専門家だけのものだったかもしれない。勉強に時間がかかることと、学際領域の研究は知財だけに限らず、様々な分野の学問や実務においてもまだまだ不十分なものだった。知財の仕事においても、企業内では専門領域として一定の敬意が払われてはいるものの、他部門と連携することはそれほど多くなく、企業経営の重要な要素にもなっていなかった。知財の使われ方は、まだ素朴に自社の事業を守るための防御的なもので、研究開発の成果をフォローするものでしかなかった。

ところが21世紀になると、産業競争の激化に伴い、知財は直接他社に対して行使できる唯一の武器として、一躍脚光を浴びるようになった。知財の使い方の巧拙が競争優位に影響することが明確になるとともに、企業間競争のみならず、国の産業競争力自体を左右する重要な要素として、認識されることになった。こうした背景の下に異分野の専門家たちが、知財の機能に強い関心を持って参入し始め、さらに知財の専門家たちの側からも逆に異分野の考え方を積極的に取り入れようという動きが出てきた。

考え方が進化すると、もはや20世紀の古典的な孤立した知財活動には戻れなくなる。この状況下において日本企業がグローバル競争に勝っていくためには、情報への感度を上げ、巧妙に戦略を立てて知財活動の最新化に努めなければならない。やるべきことは多い。異分野からの参入や主張をどう理解し、どのように自分の仕事に取り入れていくか、そこでは柔軟さが試される。

古典的な知財活動を続けるのは、一種居心地のよさがあるかもしれない。しかし、それよりも柔軟な思考と活動は、もっと新鮮で魅力的である。知財の仕事を新興国企業とのバトルに役立て、自社や国の競争力強化とともに世界の環境や人類の幸福にどう役に立てるのか、それはきわめてチャレンジしがいのあることである。

金融の専門家たちの知財活動への参加は、2008年以降急速に拡大する。2007年秋の不動産のサブプライムローン問題と、それに続くリーマンショックがトリガーになった。投資先としての有体財産に限界があり、それだけではリスク分散には不十分であることがはっきりした。金融の専門家たちは一様に損失を被った。そこで周りを見渡したとき、有体財産から無体財産に目が向けられるようになったのは、いわば当然の結果でもあった。金融の専門家、とりわけキャピタルアナリストたちは、企業を評価するときに工場設備や不動産で評価するのではなく、企業の持つ知的財産の将来性に着目し始める。

これ以前から知財の価値評価は何度も試みられていたが、いずれも不十分であったのは評価手法が説得力のあるものではなかったせいである。例えば、投資先としての適格性を評価するために知財価値を評価する数式を作ろうとしたが、知財の他社牽制力などのような相対的で時間による変化の大きい項目を厳密には定義できず、数式として成立しなかった。

金融的なアプローチ

現在も、金融側から知財の新しい評価手法がいろいろと検討されている。

これまでの日本の金融は、低金利でリスクを負わない間接金融が中心だったが、知財を評価してターゲットを絞る直接金融がより活発になっていけば、優れた知財を持つ企業、特に不動産を持たない専門メーカーや中小企業にとっては、非常に役に立つことになる。

日本の知財訴訟の賠償額が欧米に比較して非常に小さい金額になっているのは、日本では金融が知財をうまく評価できていないことが原因のひとつとしてあるかもしれない。

知財の価値評価をうまく行うことは、知財の売買のときに役に立つ。２００８年以前の知財取引の仲介ビジネスは、そのほとんどが失敗に終わっていたが、理由のひとつは個々の特許技術をＷＥＢ上で公開し、買い手を待ち受けるビジネスモデルだったことである。いくら待っても買い手が現れるどころか、20世紀の知財専門家たちはＷＥＢ上の特許の無効理由を見つけ、ギリギリのところで非侵害の製品を作っていった。

さらに、知財を魅力ある商品として展示できてはいなかった。特許明細書の文章は理解しにくい。特許明細書は権利文書であり、商品展示用ではないのである。いわば、知財専門家たちの土俵上では知財取引市場が活発になることはなかった。それが今、金融の人々の参加により、活発になりつつある。

金融的なアプローチの特徴は、自らが損をしないようにというものである。特許権を取得するようなビジネスモデルではすでに買い手が存在していて、その依頼により動く。買い手を見つけるのは簡単である。知財訴訟を行うか、行っている企業を探せばいい。売り手は、大量の知財を持っている企業で、目下のところ業績が芳しくないところである。このモデルは、成立性が高いだろう。

また、特許のライセンス権を取得し、第三者にライセンスして利益を権利者と分け合う。ライセンス権だけなので取得費用はかからず、第三者へのライセンスの成功により利益を得れば、自分は損失を発生させないビジネスモデルになる。

２０１２年にシカゴでオープンした知財を対象とする金融取引所は、世界の知財市場価値がおよそ８００兆円の規模があるとする。彼らは、日本企業に取引に参加してもらうように勧誘しようとした。日本企業は様子を見ていたが、アメリカの金融取引所のビジネスが成功するようであれば、日本でも同様のビジネスが生まれるだろう。しかし、2015年3月に、彼らのビジネスはいきなりクローズしてしまった。やり手の金融マンにしてみても、知財の取引は難しかったようだ。

彼らの情報を得ておくために何度か会ったが、ちょうどベンチャービジネスの人たちのような熱心さで彼らが説明する内容を聞いていると、時代の追い風があることを感じはしたのだが……。

これまでの知財の使われ方は、自分で生み出した新技術を守るためだけのものだったが、知財取引の拡大により使われ方が急速に変化している。オープンイノベーションも世界中の研究者に課題を投げかけ、成果として知財の買収やライセンスを受けるという点では、知財取引の拡大としてとらえることができる。

企業の知財戦略は、こうした知財取引をどう扱うかが重要な要素になってきている。自分で生み出す新技術を保護する特許出願だけという考え方は、古典的であり期待される知財の仕事の一部でしかないことになるかもしれない。手持ちの知財が不足したなら市場から買ってくればよく、あまれば売ればいいという選択肢の可能性は、日本企業の競争力に大きな影響を持つはずである。厳しい知財競争をしているいくつかの電気業界の企業は、すでにこのような対応を始めている。

知財訴訟用の弾丸の売買

ノキアとアップルの間のＷｉ－Ｆｉに関する２００９年の侵害訴訟から始まり、通信各社入り乱れて、画像プレビュー、画像処理、Ｊａｖａ技術、３Ｇ技術、タッチスクリーン、メール処理、セキュリティ、デザインなどに関して知財訴訟が次々に行われ、今も続いている。

途中で訴訟に使う手持ちの特許権の数が足りないことから、２０１１年になると大規模な知財の売買が行われるようになった。８８２件を３９０億円、６０００件を３９００億円、１万７０００件を１兆円というのが買い取り金額の数字である。いずれも特許権１件あたり、４０００万円から６０００万円ぐらいの金額で売買されていることになる。それまでの特許の売買は個々の価値評価に基づき比較的慎重に行われ、そうした評価の難しさが知財取引の普及しない理由のひとつでもあったが、ＩＴ企業が特許の大量買い取りを必要としたことにより、ニーズが先行した場合に特許群を値決めする一定のパターンができたようにも見える。

こうしたＩＴ企業の動きにより知財の取引市場が注目され、これを扱うブローカーやオークションがいくつも名乗りを上げた。２００８年のリーマンショックによって投資先を不動産以外に目を向けたブローカーたちの前で、２００９年のＩＴ企業の訴訟による高額での知財買い取りという現象が起きたことになる。

これと前後して、官民による知財への投資ファンドが各国で形成され始める。この知財投資ファンドは数千億円から1兆円の金額を使って、製造業の外側で知財のポートフォリオを形成する。ポートフォリオの拡大により、知財投資ファンドは一定の技術領域をコントロールするぐらいの力を持ち、世界で技術標準に影響する可能性も生じる。その結果、一部の技術は製造業が金融による知財投資ファンドに使用料を支払わなければ使えないという事態も起こりうる。

知財投資ファンドは決まったやり方で行動するわけではなく、収益の確保のためにはいろいろなことをする。例えば、知財投資ファンドによる訴訟もあるし、このような訴訟から企業を防衛する側での知財投資ファンドもある。

政府が介入する官制の知財ファンドも、この5年の間に各国で続々と生まれた。これは、国の産業政策に直結するような特許の売買を行う目的である。

日本においては、産業革新機構（ＩＮＣＪ）という官民の出資による会社がある。産業革新機構は、イノベーションの支援などを目的とし最大2兆円の投資まで可能ということだが、すでにライフサイエンス知財ファンドなどに投資し、一定の成果を出している。また、日本企業が事業の一部を手放す計画をしているときに、その知財が不用意にパテントトロール（詳細は

147ページ参照）に流出しないように事前に買い取り、他の日本企業などにライセンスや譲り渡すなどのビジネスを行う。日本企業にとっては強力な味方である。

同様に国が支援しているファンドとしては、英国（ＵＫＩＩＦ）、ドイツ（ＨＴＧＦ）、フランス（ＦＳＩ）、韓国（ＩＶ）など、この数年で各国に急速に増えている。国による支援の目的は自国内産業保護だが、民間の知財ファンドの目的は利益を得ることであり、産業の育成、イノベーション、技術による世界への貢献という理想はやや後退する。

ひとつの発明が生まれ、それを日米欧に出願して10年間権利として維持したとする。この場合、各国に納付する費用と代理人の費用を合計すると大体１０００万円から１５００万円の費用がかかる。

ひとつの発明を生み出すための研究開発投資の金額を単純に出願件数で割ってみると、日本企業の日本出願では電機業界で数千万円に1件、金属機械業界で1億円に1件である。知財訴訟を仕掛ける前のアップルは7億円に1件、グーグルは15億円に1件のレベルである。米国の特許を1件５０００万円で買うのは、それほどおかしくはない。

ベンチャーキャピタルへの参加

目的は技術入手

ベンチャーキャピタルへの対応を、知財部門で行うことは意味が大きい。知財部門は技術評価の可能な部門だからである。無論、投資については学ぶ必要があるが、投資のエキスパートが技術評価を学ぶよりも、技術評価のエキスパートが投資を学ぶほうが、技術を入手するという本来の目的にかなっている。

ベンチャーキャピタルとは、何らかの新技術を持つ小さなベンチャー企業を束ねる組織体のことで、大企業がベンチャー企業に投資するときの仲介の役目をする。

大企業側が自分でベンチャー企業を探し出して取引を行うのではなく、ベンチャーキャピタルという主催者が集めてきた多くのベンチャー企業たちの提案する新技術のプレゼンテーションをまとめて聞き、そのうち気に入った技術に対してベンチャーキャピタルを通じて投資という形で技術先取りの予約をするような仕組みである。

ベンチャーキャピタルが主催する会合に参加し、将来有望な技術の芽を早期に把握しておくべきであるとホンダで提案し、認められた。企業内ではごく普通だが、提案者が責任をもってやってみろということになる。

早速、ベンチャーキャピタルが主催するベンチャー企業のプレゼンテーションを、サンフランシスコ郊外のペブルビーチのホテルで行うという連絡がきた。こういう場合、社員としては困ったような顔をして「また出張か」とつぶやいてみたりするものの、内心ではラッキーと思っている。ワクワクするイベントに違いない。

イベントに参加してみると、ベンチャービジネスたちのプレゼンテーションは、一発勝負で多額の投資を獲得できるかどうかが決まるため、工夫をこらした必死なものである。パワーポイントの資料も画像や動画を多用し、プレゼンテーターのパフォーマンスもあり、笑えるし聞いていて楽しさ抜群である。こちらの質問もつられて活発になる。「ところで特許を出願しているのか」と聞くと、まだだという答えが返ってきた。それなら代わりにこちらで出願してやろうかと冗談で言うと、必死な彼らには冗談が通用せず投資のサインと勘違いし、真顔で目を輝かせて、ぜひお願いしたいと言う。そのようなプレゼンテーションは、数日続く。

夜はタレントを呼んでのレセプションがあり、さらにペブルビーチ一帯は名門ゴルフ場のエリアでもあるため、参加者は当然のようにゴルフをする。ゴルフをしない人たちにはヨットと乗馬トレッキングが用意されている。こうしたイベントの設定ひとつとってみても、ベンチャーキャピタルの金のかけ方は半端ではない。

一般に、製造業の仕事はコストダウンのため無駄なお金をかけずに、コツコツと爪に火をともすが如く地道な作業をするのを美徳とするが、ベンチャーキャピタルが主催するイベントは金融が知財取引に参入すればこうだ、という絵に描いたようなイベントだった。

ベンチャーキャピタルを通じてのベンチャー企業の技術への投資は、大企業側で自ら持っている課題ではなく、彼らから偶然に聞いた新技術が将来自社の役に立つかどうかという判断になるため、実は失敗することが多い。

また、投資という間接的なコントロールであり研究開発の直接コントロールではないため、もしベンチャー企業のメンバーが仲間割れでもして挫折したらそこで終了し、投資は失敗という結果になる。実際に、私自身も投資を提案してから数年後にうまくいかないことがはっきりした時点で、投資の回収不能という損金処理を何度もするハメにはなった。見る目がないと言えばその通りだが、投資とはそんなものである。しかし失敗したとしても、企業が新しい技術テーマを模索している場合にベンチャー企業の提案を見て将来のヒントを得るという点では、きわめて有効である。世界の新技術の将来を見るセンシング機能になる。

身近なオープンイノベーション

ビジネスの幅と質を広げる手法

オープンイノベーションは、ベンチャーキャピタルやベンチャー企業のような顔が見えている相手との取引というよりも、もっとクラウド的で相手が誰だかわからないところからスタートする。従来型の1対1の共同研究や、複数の参加による研究コンソーシアムとは、全く違っている。これは、研究開発を広く様々な相手と行う場合も使うし、連携して市場を拡大する場合にも使う。

研究開発を広げる前者のほうは製薬業界を中心に始まり、電機や機械など他の業界でも次第に使うようになっている。

例えば、解決したい課題をインターネットにより世界中に配信し、世界中の研究者がその解決策になるようなアイデアを提案する。課題を投げかけた企業が採用したアイデアの持ち主には多額の研究開発資金が提供され、その成果について知財の譲渡またはライセンスになるが、定まった方法があるわけではない。

日本企業も、オープンイノベーションの手法を使い始めている。相手は世界中の大学や研究機関である。世界の大学の中には、企業からの豊富な資金提供によって設備を充実させ、フリーランスの優秀な研究者やポストドクターを高額で雇い入れ、そうした魅力ある設備と人によっていつでも企業からの研究委託を引き受けるビジネス志向の大学が多い。

日本企業が過去の成功体験から今でも引きずっている行動パターンのひとつに、ＮＩＨシンドローム（自社で発明したものでなければ使いたくない症候群）があるが、事業のコア技術は自らの手で開発するにしても、周辺技術はベンチャーキャピタルも使い、オープンイノベーションも使い、広くグローバル産学連携をして取り入れるべきである。

やり方として、日本企業は自社で過去に契約した海外の大学のリストを用意し、解決すべき課題があるときに、彼らに投げかけてみればいい。オープンイノベーションに定まったやり方などなく自らの手でトライしてみれば、それにより経験が蓄積し、いい結果を出すことができる。海外の大学との契約件数が多くなればなるほど、相手方のプロジェクト遂行能力や取引条件の違いなど様々なデータが蓄積されていき、次に新たな課題を投げかけるときに役に立つ。

日本企業の組織の中では、知財部門がこれを成功させやすい経験の蓄積がある。技術者は常に自分の手で研究開発を行おうとするため、誰だかわからない相手に頼みたくないし、事業部門は開発をリードするわけではなく、外部に依頼するにしても誰に頼めばいいのか、またそれは成功する確率は高いのかという情報を持っていない。それに比べて知財部門は技術契約を主管するので、もともと外部に委託した契約や、それがうまくいったかどうかという情報の蓄積がある。

コア技術は自分の手で持つべきだが、周辺技術を世界に広く求めることは、コアと周辺の合わせ技により、グローバル競争力を強くする。

パテントトロールとの対決

迷惑な連中

20世紀中は個人、発明家が特許裁判を大企業相手に起こし、多額の賠償金を手に入れた。彼らはパテントマフィアと呼ばれた。

21世紀になると、主として金融出身者たちが組織を作り、大規模に活動する。自分で発明せずに第三者から特許を買い取り、組織的に特許裁判を起こすようになった。なぜなら、ここで儲かるからである。彼らはパテントトトロールと呼ばれる。

トロールは欧州の小人、巨人、妖精たちを表す言葉で、厄介者という意味が含まれる。「となりのトトロ」のような存在もトロールの一種と言われるが、パテントトロールはそんな愛すべき存在ではない。製造業から見ると、金融出身者たちが金儲けのために製造の世界にやってきたような迷惑な連中でしかない。

被害は、推計によると年間8兆円を超えると言われる。あまりにも大きいため、米国では規制する法律を作ろうとしていた。2000年には米国の特許訴訟のうち数％でしかなかったパテントトロールからの訴訟が、現在では50％以上になっていると言われる。産業の発達のための知財制度が、あたかもトロールに乗っ取られたようである。

しかし、彼らを悪としてひとくくりにするのは単純すぎる。物事を善悪だけで見ると、詳細が見えなくなる。

パテントトロールとして紹介される団体の中には、CSIRO（サイロ）という略称で言われるオーストラリア連邦科学産業研究機構という国が所管する研究機関も入ることがある。これは1916年に設立されたものだが、サイロが最近オーストラリアの大学の特許権をもって日本企業やアメリカ企業を訴えたため、パテントトロールとされてしまった。パテントトロールは自分の発明した権利ではないものを権利行使する者として定義づけられることがあるからだが、これはちょっと無茶なくくり方である。

アメリカでも、多数の大学が自分で権利行使せずに外部の法律事務所や権利行使の団体に頼み始めている。どこの国の大学でもそうだが、自分で市場を調査して権利行使をする能力を持っているところはほとんどない。市場調査や警告は大学の本業ではない。しかし大学が知財を保有していても、知財を無視して使ってしまう新興国企業があまりに増えている以上、知財を有効に生かすには第三者に頼んで市場調査をしてもらい、使っていそうな相手に警告書を送ってもらうのは合理的である。

ホンダでもアメリカの大学から警告書を受け取ったことがある。結果的にはホンダは全く実施していないものだったが、このような警告を時折発するのは、自分は市場を見ていますと牽制するのに有効である。ウィスコンシン大学、アイオワ大学、スタンフォード大学、南カリフォルニア大学は自ら権利行使せずに、代わりに行使をしてくれる第三者に依頼している。それは悪いことではない。

日本の大学もそうすべきである。特に世界の目で見ると、日本の大学や国の研究機関が権利者になっている知財は、こちらから使いたいと名乗りを上げなければ絶対と言っていいほど権利行使してこないと囁かれている。黙って使われて何もしなければ、結果として舐められて無視される。

パテントトロールの手口

あくどいパテントトロールのやり方を、知っておかなければならない。ホンダは圧倒的に原告訴訟中心の訴訟体制を敷いていたが、それでもパテントトロールに仕掛けられた被告訴訟も数多くある。そこで負けないように対応できたのは、パテントトロールの仕掛けがどういうものであるか先に情報を得ていたからであり、以下もそのような情報のひとつである。

パテントトロールは、まず侵害判断が簡単ではない特許を選ぶ。企業に侵害警告がきたときに、これは侵害していないと簡単に判断できるなら、そこで費用は発生しない。しかし、例えば工場の運転に使われている数千から数万本のプログラムのごく一部に関係する特許であれば、自社で使っているプログラムといえども解析するのに1億円近い金額が必要になることもある。そのような侵害判断の難しさの点では、機械産業より電子産業のほうが狙われやすいが、ともあれ企業はそこで1億円を使い解析するかどうかの判断を迫られる。

普通、侵害警告がきたら相打ちを狙い、相手企業が自社の特許を侵害している可能性をすぐに調査し反訴を行うが、パテントトロールは自ら製造していないため、それができる相手ではない。

パテントトロールが警告を送りつける相手は、例えばアパレル、スポーツ用品、材料、食品、建設、電機、自動車、事務機器などの業種から1社ずつ選ぶ。工場で使うプログラムなどはどの業界でも共通性があるので、業種横断的な仕掛けが成立する。パテントトロールが最も嫌がるのは自分の特許を無効としてつぶされ、権利行使の根拠をなくすことだが、業種がバラバラで情報交換が不十分なようにしておき、無効の理由を知っている企業は手強い相手としてひそかにコンタクトして、裁判から外してしまう。

各社が自分のプログラム解析費用の見積もりを終え、かかる金額の大きさに途方に暮れる頃に、パテントトロールは半分以下の金額、例えば3000万円くらいを提示し、和解しないかと個別に囁く。それにより、折れる企業が次々に出てくる。しかし、業界のネットワークがないので、どこが折れたかはすぐにわからない。最後まで戦う企業は多額の費用を使う。さらに裁判で素人の陪審員たちに自社が使っているプログラムが侵害していないと説得するのは、複雑な特許であればあるほど困難である。しかし、裁判の初期の段階ですぐに和解して折れる企業であると認識されると、次の訴訟の仕掛けのときにもまた折れる企業として、被告グループの一員に選ばれることになる。

これだけでも知っておけば、被告企業間で連携し相手の特許をつぶすことに全力を挙げ、金の続く限り戦うべきということになる。トロール側の仕掛けは、トロールの仕事をしたことのある弁護士からアドバイスを受けながらこちらの作戦を考えればいい。その結果として、戦う姿勢のある強い企業は次では敬遠される。それが実戦の教訓である。

トロールは、現在アメリカを中心に世界で500以上が活動していると言われるが、もっと多いだろう。アカシアという企業はもともとベンチャーキャピタルだったところだが、ベンチャーキャピタルが小さなベンチャービジネスをたくさん傘下に置き、それぞれに投資して操るというその手法をそのままパテントトロールに応用している。そのため、傘下の小さな会社を数えればそれだけで100を超えるほどある。それらが入れ替わり立ち替わり攻めてくる。

トロールとの交渉の仕方

パテントトロールとの交渉は、不愉快である。彼らが明るく楽しげなのは、製造業をカモだと思っている内心が顔に表れているからかもしれない。しかしそれをぐっと我慢して会食をし、相手がどのような考え方でやっているのかを知ることは役に立つ。高級レストランに連れて行く必要はなく、そのあたりの社員が行くような店に、エスニックに行くと言って誘えばいい。

パテントトロールには仲間うちのネットワークというものがあり、彼らはそこで情報交換をしている。交換される情報は、どの企業はどういう仕掛けで折れたか、また企業内で判断をしているキーパーソンは誰か、誰が優柔不断で誰が手強いか、などである。訴状を送りつけるなら優柔不断な人に送りつけ、電話をかけて恫喝すればいい。

これは戦争で敵の指揮官の性格や物事の判断の癖を知るのと同じであり、攻撃作戦を立てるときの最初のステップである。敵の指揮官たちの顔写真を壁に貼りつけて、どういう性格のヤツか、どのように反応してくるかを分析し、想像する。

パテントトロールとの交渉のときは、逆にこちらも相手のキーパーソンの分析をしなければならない。ボスが金融出身者であるか、弁護士であるか、それとも技術者であるのか、中にはパテントトロールとひとくくりできないような志の高い人もいて、それを知っておくのは有効である。志が高ければ、次の案件ではこちらの味方に引き入れることもできる。

彼らの内部事情は、一律ではない。それぞれの事情でどのような作戦を立ててくるかにより、こちらの作戦を立てる。

例えば、ベンチャーキャピタルのような投資家に操られる小規模なパテントトロールの場合、投資家たちから投資に対するリターンを迫られ、結果を定期的に投資家に報告しなければならないため、時間を長くかけたくないという裏の事情が生じる。そういう事情があるときに、被告側から裁判で徹底抗戦をされると投資家から苦情がくるので、早期に金を得られるような小出しの和解などの仕掛けをしてくる。そうであればこちらの作戦はたっぷり時間をかけてカウンターの訴訟を行うなど、時間を十分かけさせる作戦をとればいいということになる。パテントトロールは資金をどれくらい用意してきているのか、時間は余裕があるのか、過去の戦歴はどうで、どこで負けたか、などの情報を得ておくことは、パテントトロールとの戦いには必要なことである。

２０１４年4月に、米国でふたつの最高裁判決が出た。悪質なパテントトロールが敗訴すれば、相手側の弁護士費用を払わなければならないという方向に舵を切ったのである。最高裁は米国の知財高裁であるＣＡＦＣのそれまでの厳格解釈を変更した。それにより、今後のパテントトロール訴訟は減るであろうと予測されている。このふたつの判決により、米国特許訴訟改革法案は引っ込められてしまったのである。

アメリカで一定の成果を収めたトロールたちが次に狙うのは、ヨーロッパ統一特許裁判所によりスケールメリットの生じたヨーロッパ市場での仕掛けである。日本については市場のスケール、原告訴訟の手続き上のやりにくさ、賠償額の低さから見て進出する国とは考えないようである。居酒屋で密かに話すと、そういう本音を聞くことができる。

日本でトロールの差し止め請求権を制限するかどうかという議論がされたことがあるが、彼らは日本には来ないようなので、むしろトロールを日本に来させるぐらい魅力ある知財訴訟制度はどうあるべきかを議論するほうが、日本の知財制度の将来のためには役に立つのかもしれない。

アグリゲーターたち

彼らの目的

アグリゲートとは、まとめるという意味の英語で、アグリゲーターは集合体ということになる。もともと特許を集めるのはパテントプールという表現だったのだが、それが他者を排除する場合には、日本でもアメリカでも独占禁止法違反になるという文脈の中で使われた用語でもあるため、パテントプールという言葉にはなにやら違法な響きがある。特に日本が強かった1990年前後にアメリカから日本の業界団体は情報交換をするなどけしからん、と言われたことが尾を引いている。しかし、いまだにそれを気にして萎縮するのはナイーブすぎる。プールから第三者を排除しなければいいだけなのである。

アグリゲーターは、自らをDefensive Patent Aggregation Serviceと言う。わざわざ防衛的という修飾語をつける理由は、自分たちはパテントトロールではなく、その対策をする製造業の味方であると言いたいがためである。他方、概念的にはOffensive Patent Aggregatorというのもあるが、自らをそう宣言する者はいない。もし言ったら、自分は社会の厄介者で社会悪であると宣言するようなものである。

Defensive Patent Aggregatorたちは、特許を買い取り、集めた特許のリストを提示し、その権利を行使しないから自分たちの会員になりなさい、と勧誘して会費をとる。Offensive Patent Aggregatorたちは、権利を行使して金を集める。集金の手段はパテントトロールたちと違うにしても、他人の作り上げた知財を利用して利益を得る手段として使うという点では、パテントトロールたちとあまり違わない。意地悪く考えると、両方で値段を釣り上げて製造業からお金を巻き上げる仕組みを作ったと言えなくもない。

しかし、それは善悪で考えるものではない。むしろ利益の上がるところ法律の許す限り何でもあり、というごく一般的なビジネスとして理解すべきである。違法ではないやり方でなければ、それはいいのである。

ともあれ、ノーテル、コダック、マイクロンなどの大企業が業績の悪化に伴い、保有する特許を売りに出したときに、それらが悪のパテントトロールの手に渡らないように防衛すると名乗りを上げたのが、このアグリゲーターたちである。

日本企業同士で知財を融通し合えるか？

防衛的アグリゲーターの手法を日本の産業界で応用できないかと考えてみると、日本の業種ごとに複数の企業で緩いクロスライセンス契約、または緩いパテントプールを作り、外部から攻撃されたときに他の企業の知財を利用させてもらい、反撃するということがありうる。

日本企業はこれまで日本での競争がそのまま世界での競争になっていたこともあり、各業界とも10社以上の大企業がひしめき合っている。業界ごとに工業会が設置されて情報交換は行っているものの、基本的にはライバルであり、時には日本国内で足を引っ張り合う。特許出願もそのひとつである。自社の商品に実際に使う予定がないにもかかわらず、ライバルの他社に使わせないような技術領域をごっそり押さえ込むような大量特許出願を日本にだけ行う。産業競争がグローバル国家間競争になっている今、これは変えなければならない。

つまり、日本企業間で知財を融通し合い、国際競争の場では日本企業各社の技術は互いに使いやすいようにすればいい。一般的に、各社の営業部門は競争の最前線なので互いに仲が悪いのだが、知財部門間は交流活動が活発であり、日本企業の技術は互いに近いところにあることも知っているため、互いのクロスライセンスは日常的である。

日本の工業会の中で情報交換をしすぎると、対外的には独占禁止法に触れる談合のように思われるのではないか、と一種自制しているようなところがあったが、知財法は独占禁止法と真っ向から対立する独占奨励法である。日本企業の知財戦略は、制度上許される最大のことをすればいいのである。

知財と税務

知財を分散させるな

日本企業が世界中に子会社を持つ場合に、知財は日本に集約させるべきである。

明確にそのようなポリシーをとらない企業は、自社の海外子会社との間で、同一の技術思想をベースにして生じてくる多くの類似発明との違いが不明瞭になり、収拾がつかなくなる。さらに大きな問題は、日本の親会社が海外子会社からロイヤルティを徴収するときに海外子会社が知財を保有していれば、その価値を海外子会社やその国の税務当局から主張され、日本親会社から提供する技術の価値と相殺されるような結果になる。ホンダではそう考え、知財を徹底して日本本社に集中させてきた。

海外の子会社の研究開発成果に発明が含まれるときには、現地で日本企業の親会社の名義で出願し、日本企業への譲渡対価は出願にかかった実際のコストとすればいい。出願時点での特許を受ける権利の価値とはそういうもので、ビジネスにどのように利用して利益を生むかとは全く別の問題である。

海外からの技術料には源泉所得税がかかるが、支払う側の国でまずかかり、その後日本でもかかる。ふたつの国による二重課税にならないように手続きをするが、国によって税率が違う。例えばアメリカから日本への送金は非課税だが、メキシコから日本への送金は25％がメキシコ政府により源泉される。新興国では一般に税率が高いのは、技術を導入すれば先進国にお金を高く支払わなければならなくなるため、その前に自国で課税してしまうため課税率は高い設定になっている。また、特許の使用料であるか、ノウハウの使用料であるか、または商標の使用料であるかによって税率が変わる場合がある。

日本においても、かつて商標の使用料として海外から受け取った場合には税額控除の対象にならないとされていた。そのため海外への技術移転契約を締結する場合に、ロイヤルティは技術の対価であり、商標の使用は無償で許諾するとしていた企業が多くあった。その結果、古い契約を更新するときに、今になって商標使用料を有償にするというのは難しくなるという事態が起きている。つまり、税務の知識がないと知財の契約は片手落ちになるのである。

しかし、税務の知識が十分にあり確実だと思うような判断をしたとしても、各国の税務当局とのバトルは避けられない。普通どこの国でも税法ほど理解しがたい厄介な法律はなく、解釈が難しいことが多い。税務と知財の複合の場ではいろいろな手法で節税ができるが、税務当局は節税とは見なさないことが多いので、解釈については税務当局と争うことを覚悟しておかなければならない。

今、国の税収の政策に知財の取り扱いは重要な要素となっている。研究開発費用の優遇税制、イノベーションボックス税制、さらにはパテントボックス税制などにより、法人税が大きく違ってくる。

例えば、英国では知財を使って上げた収益への法人税は半分以下になる。日本では研究開発費用の優遇税制が縮小傾向であることと、日本にはイノベーションボックス税制もパテントボックス税制もないので、ドライに考えると日本企業はなにも日本本社に知財権を帰属させておく必要がないという帰結もありうるのである。

日本企業が近未来において研究開発をどの国でどのように運営するか、また権利の帰属やロイヤルティのルートをどう構築するかという知財のグローバルポリシーに、これは密接に関わる。各国の税の情報を常に把握し、何が自社にとって利益を拡大できるのかを知っておくべきである。

第5章
ノウハウの防衛

情報漏洩を防ぐには

隙が多い日本企業

出願をしないことにした発明や出願前の新しい技術は、企業の秘密情報として徹底的に防衛しなければならない。20世紀後半に普通に行われていた企業のノウハウ管理の手法は、従業員に秘密情報を守らせることを中心に、書類には秘密のスタンプを押し、PCやUSBにはパスワードを管理するというものである。それに対応するかのように、不正競争防止法は、秘密を漏洩した従業員の処罰を中心にした構成をとっている。不正競争防止法の内容は、従業員に対する意識の喚起としては有効なものだが、それだけでは意図的に外部から狙って獲りにくることまで防ぐことはできない。

21世紀になってからは、遅れて産業競争に参加した新興国企業が、日本企業の重要な秘密情報をどうしても知りたい場合、あらゆる手を使い、獲りにくる。従来のノウハウ管理の常識は、壁にポスターを貼るなどで従業員に秘密保持意識を喚起させることだった。しかし、今は外から盗みにくることへの防衛対策がノウハウ管理である。

実際に、米欧中心に世界中で急増している産業スパイ事件の裁判記録に記載されている事実の概要を読むと、手口が詳細に示されている。その手口が自社に向けられたときにどのように防衛するか、それを想定した具体的で実効性のある防衛を行う必要がある。

米欧では、産業スパイ事件は非親告罪であり捜査の組織や手法が違うが、公開されている捜査件数や逮捕件数の急増は、日本でも同様の問題が同じ規模で生じていることを推測させる。日本では年間数件レベルでしか公にならないが、米国の例を見ると１００件を超えるレベルである。しかし、まず企業自らが犯罪を見つける必要がある。一般的には、ある程度の証拠をつかんで警察当局に相談することにより捜査が開始されることになるが、最初のステップは企業自らの防衛が必要である。

日本企業は、各組織の専門性を最大に生かして有機的に連携させた新しいノウハウ管理をしなければならない。

その対策の基点としてあるのが、自社の守るべき真の情報は何かという情報体系の構築である。その点での知財部門の担うべき役目は大きい。ホンダでは知財部が中心となって構築した。それは、特許出願をすべき情報とノウハウとして維持すべき情報を分ける仕事であり、その延長上で自社の守るべき情報体系の構築をするということである。市場に出ていく商品から把握できる情報と特許出願書類に記載された情報は公開されるため、秘密情報ではなくなる。公開された情報は、オープンソースインテリジェンスという手法での情報分析の対象になる。

企業が公開していない情報がノウハウ管理で守るべき秘密情報であるとしても、それらは同レベルではない。内容によって部品取引先や合弁会社に開示しなければならない情報もある一方で、完全にブラックボックスにし、社内といえどもアクセス制限をしなければならない情報もある。その価値評価は特許出願内容との整合性をとる必要があり、そのために知財部門が主体となって情報体系の構築をしなければならない。それがなければ自社の退職者に対してさえ、何が自社の秘密情報であるのか示すことができない。

自社の情報が流出しないようにしっかりと防衛することは、ビジネスの基本である。日本企業は日本社会がそうであるように、盗みにくる相手に対してはガードが甘い。人を信用し性善説に立ち、徳をもって感化するのは人間社会の理想ではあるが、産業競争は結果としての勝ち負けで評価されるため、理想だけではすまない。

外部から盗みにくることへの対策が最も重要だが、その前に内部から不用意な流出を防ぐことが先である。盗みに来られる前に自分が隙だらけでは、話にならない。

歴史の教訓

情報漏洩の対策は今も昔も変わらない

日本企業が関与した産業スパイ事件として、ＩＢＭ事件がある。これはＩＢＭのアディロンダックというコードネームを持つコンピュータの資料を日本のＡ社が盗んだとされ、１９８２年６月にＡ社の現役の日本人社員３人が逮捕された報道は、日本企業に衝撃を与えた。

日本の新聞記事は、アメリカ企業が日本の強力なライバルを牽制するために、日本企業の代表的なＡ社を罠にはめたのではないか、という論調で書いた。当時の日本の新聞の記事によると、捜査の仕方が正当でないとか、企業のために行動した社員に手錠をかけた写真を公開するのはありえない、という感情的なトーンで書かれ、最後に日米貿易不均衡是正のためアメリカ側が政治的に仕組んだ事件であるという示唆をしている。

このような記事の書き方は、典型的な日本の反応であるかもしれない。ナイーブになりすぎるため、問題の本質を隠してしまうことがある。しかし、こうした事件が発生したときに事実を正確に見ておかないと、得られる教訓を自ら失うことになる。

その頃、私はホンダで技術取引の仕事をしていたので、事件の事実関係をアメリカの資料を中心に調べ、自社がこのようなハメに陥らないようするには、どのように注意をすればいいか、というようなことをまとめた社内用技術取引マニュアルを作成した。

例えば、アメリカでは民間同士の賄賂も罰せられるが、手土産としてどれくらいの金額で罰せられるレベルになるかなど、日本的な常識では推測できない事項をまとめたものである。その当時は、まだココムやその派生形であるワッセナー・アレンジメント（通常兵器の輸出管理に関する国際的な申し合わせのひとつ）などがあり、海外との技術取引で注意しなければならないことが山ほどあった。

当時の日本企業は勢いがあり、社員たちは熱心さのあまり技術を盗んだと言われても仕方がないような行動があったのも事実である。

その頃、ある日本企業の技術者と二人でアメリカの国立研究所を訪問した。受付でテープレコーダーを預けるように言われ、彼は鞄からそれを取り出して受付に預けたが、会議の最中に隣で彼がもぞもぞ動くのでふと見ると、ジャケットの内ポケットにもうひとつテープレコーダーが入っており、彼はそれを操作している。彼は預けなければならないのを承知で、最初からふたつ持ってきていたのである。帰国後、彼はそれを武勇伝のように語り、それを聴いている人たちも歓声をあげる。先進企業に追いつきたいという思いによって情報を盗みにいき、うまく出し抜けばそれを自慢するような気分になる。

今、追いかける側は新興国企業で日本企業は盗まれる側だが、追いかける側は違法だという意識が少なく、あの手この手で仕掛けてくることを想像しなければならない。

ＩＢＭ産業スパイ事件から、すでに30年以上が経過した。事件があったことさえ半ば忘れられようとしているが、今、自社技術を守らなければならない日本企業にとって、この事件から学ぶことは多い。情報を盗むこととその対策の仕方は、ほとんど変わっていないのである。

あのとき何が起こったのか

当時のアメリカ側の記録には、技術情報を守るためにＩＢＭがどのような防衛策をとったのかという経過が、ＴＶドラマのごとく詳しく述べられている。

まず、退職した社員の存在が最初である。

キャデットという名の社員が、アディロンダック全27巻の資料中10巻をＩＢＭからこっそり持ち出して退職する。

退職したキャデットは、サファイという人物の経営するコンサルタント会社に入社し、そこを通じて彼自身がコンサルタントになり、盗んできた10巻の資料をA社に売った。その少しあとになって、ペイリーという人物の経営する別のコンサルタント会社がアディロンダックの資料を売ることができるとしてA社に商談を持ちかける。A社からのペイリーへの返事は、すでに買い取った10巻のナンバーを示して、それ以外の巻を持っていないか、というものだった。

ペイリーは、A社がすでに10巻持っていることを知り、そこで意を翻しA社への商談を急遽中止して、IBMに対してA社がすでにIBMの秘密情報を所有していると密告する。つまりペイリーは、自分がA社に情報を売ろうとしたにもかかわらず、サファイにすでに出し抜かれたことを知り、今後の自社の利益を抜け目なく計算し、ここでIBMに恩を売るという判断をしたわけである。

ペイリーから情報を得たIBMは、自社の社員のキャラハンという人物に対策を一任する。キャラハンはFBI勤務の経歴があり、彼はFBIの以前の同僚たちに協力を求めてダミーのコンサルタント会社を使い、犯行の証拠を固めるように動く。確実にしたい証拠はA社側にIBMの秘密情報であるとの認識があるか、A社の上層部がどこまで関与しているか、A社が実際に金を払うかなどである。その後、A社の意図を確認する様々な試みが行われ、結果として証拠が次第に固まる。そしてA社の社員を現場に誘い出して、逮捕した。

記録を読む限り、貿易不均衡是正の政治的意図とは無縁である。これは今から30年前の事件だが、技術情報がほしいというニーズがあるときに、コンサルタントであれ退職社員であれ、人が介在して事件は展開する。

つまるところは「人」の問題

教訓として得られることは多い。それは退職者にどのようにして企業秘密を渡さないようにするか、コンサルタントたちをどのように評価し警戒するか、秘密情報を守るスキルのある人をどのように抱え育成するか、などである。

日本企業からは、これからも退職して韓国や中国の企業に移る者が出るはずである。転職自体、止められない。他人の芝生が青く見えることもあるし、生活のためという事情もある。日本企業で評価されない技術者が、自分の夢を追うために新興国企業を選ぶということもある。

キャデットのように技術情報を持ち出させないようにするには、どうすればいいいか。キャラハンのようにスキルのある者の雇用、またはどのような人事対応をすれば効果があるか。ここでのキーは人事管理であり、企業においては人事部がこの問題に対応しなければならない。

転職者たちの言い訳

会社の秘密情報とは何か？

退職者や転職者は、新しい仕事に就いたときに前職での会社の秘密情報と自分自身の持つ使える知識との区分けができていないことが多い。

特に新興国企業に転職すると、前職で得た情報を使って仕事をする傾向が多く見られる。例えば、新興国企業の特許出願に表示される日本人発明者の名前を追いかけてみると、前職のときとほぼ同じ内容の発明がたくさん見つかることがある。特許出願では発明者の名前は神聖でごまかしてはいけないことになっているので、原則的に表示されるのである。

退職者に対し、日本企業が自社の秘密情報を守るにはどうすればいいか。それは退職時にその者がキャリアの中で接してきた会社の具体的な情報の項目をすべて示し、それらは企業の秘密情報なので使えないと説明することである。退職者が重要な立場の技術者であればあるほど、本人のためにも間違いのないようにしなければならない。

違う業界に転職したなどは、言い訳にならない。問題なのは、企業の秘密情報を持ち出したかどうかということである。
転職した場合に期待されるのは、前の会社で培ったスキルであり、新興国企業は人材を育成する時間なく急成長したので、自社にない知識と情報のある者を採用したいのである。それ自体は合理的なことである。問題は、知識という上澄みの部分だけではなく、設計思想、データ、プロセス、テストマニュアルなど前の会社の詳細な情報や活動も期待されるということである。

日本企業の多くは退職時に「貴社の営業秘密は洩らしません」と書かれた秘密保持誓約書に署名捺印をさせているが、これは実際にはあまり役に立たない。「貴社の営業秘密」が何であるかが具体的に示されていないため、自分で使える知識との区別がつかず、さらにその判断を退職者本人に委ねているためである。

この場合への対応は、企業の情報体系を確立させておき、何が企業に属する情報であるか、退職者に具体的に明示することである。明示することにより、初めて退職者はそれ以外の知識や情報は使ってもいいと確認できる。この一線を引く作業は企業側が行うべきで、退職者の判断に委ねてはならない。

人事管理という問題

日本企業からサムスンや現代など新興国企業に転職した人たちが、前に勤めていた日本企業の仲間たちと会わなくなるのは、結局日本企業在籍中に得た情報を使っている可能性を指摘されるかもしれないという気持ちから、会話が難しくなるからだろう。

他の日本企業に転職したかつての友人とその後も交流が続くのは、前の会社の秘密を守るというマナーが守られているからだろうし、新興国企業に転職した人はそこで成果を上げるために、日本企業の秘密情報を使ってしまう傾向があるのかもしれない。

十数年前に週末に中国や韓国に渡り技術を教えて報酬を得ていた人たちは、当時の中国や韓国の企業が日本から見てまだまだライバルになっておらず、技術のレベル差が著しくあるのだから少しぐらい教えてもいいという、優越的な思い込みを持っていた。今はそうではなく、早期退職などによって自分の年金受給前の生計のために知っている技術を切り売りする。

新興国企業から誘われて、現役の日本人社員から意図的な漏洩が起きるのは、例えば金銭的なストレス、昇進や評価への不満、技術への強すぎる自負、組織内での孤立などがある場合である。誘う手口は心理を巧妙についたものであることが、海外の裁判例などでわかる。例えば、我々はあなたの技術的知見を高く評価していると囁かれれば、普段から不満を持っている社員にとっては魅力あるセリフに聞こえて、転職の動機になる。

企業の秘密情報防衛のためには、このような社員への誘いが現実に世界中で起きており、その手口がどのようなものかを説明し、認識させ注意させることが役に立つ。これは、企業の重要情報にアクセスできる社員全員が対象になる。社員の不満は外部から囁かれる前に、内部で人事管理として対応することにより事前に解消しなければならない。

最初から情報を盗むために入社してくる者への対応も、人事管理の問題である。彼らは意図的に情報を盗みにくるため、不正競争防止法の刑事罰をいくら厳しくしても抑止力にはあまりならない。

例えば２００７年のデンソー事件（中国人エンジニアが会社のパソコンを外部に持ち出したが、13万件以上の製品図面のデータがダウンロードされていたという事件）のように海外から技術を入手して中国企業に伝えるという団体で仕事をしていた経歴の者を自社に入社させてはならないだろう。公平にとか機会均等とかの問題ではない。現実的なリスクの問題である。

産業スパイ養成講座

スパイはごく身近にいる

企業からの情報流出をどのように防ぐか。守り方について参考になる資料は、米国にたくさんある。

米国は、守ることにかけてとても熱心である。少なくとも第二次世界大戦後はいつも情報が狙われる国であったため、軍事技術や防衛産業を守り、同時に産業界全体の情報も守る。そういう場合に米国の政治家は、一企業の情報の問題といえども国家の将来を左右する、ということを言う。企業にとって国家は、非常に頼りになる存在である。米国は手段として産業スパイ防止法などの法律の整備とともに、政府が得た産業スパイに関する情報をすぐに産業界と共有できるようにしている。

米国の産業スパイ事件関連の資料を読んでいくと、日本企業の防衛に参考になることが非常に多い。

現在米国で最も懸念されているのは、外国政府や外国企業が関与して秘密情報を盗むことだが、そのような事例を集めて手口を分析し、その対策を書いている資料がある。それによると、盗む側は最初からスパイを送り込むわけではない。まず、企業の公開情報をとにかく分析する。そのとき、特許情報は非常に有力な情報源である。その範囲内にとどまれば、通常の企業活動であり、それぐらいは世界中のどこの企業でも普通にやる。

公開されていない情報を得るために、スパイを使う。スパイはできるだけ発覚しにくい方法をとるわけだが、いきなり夜に侵入することなどまずない。スパイとはいえ、基本的には素人なのである。

まず社外から見て、情報を出してくれそうなその企業の社員をマークする。外部の会合で自分は評価されていないと不満をもらす社員、意に反して異動させられた社員、借金などなんらかのストレスを抱えた社員をマークする。同じ外国の出身者で新入社員として入社し、長く勤め信頼されて企業の重要情報にアクセスできる立場になった人もマークされる。マークされて誘われて犯行におよぶ動機は報酬を求めるか、外国企業に職を求めるか、または愛国的なものである。誘われた社員が電子データまたはソフトウエアを盗むのは、ほとんどが通常の時間内に、職場で、自らのアクセス権限にしたがい、組織内ネットワーク（ＶＰＮ）を利用して、企業の内部サーバーにアクセスする。

このような分析を読むと、秘密情報を守る最も有効な対策はごく平凡なことがわかる。それはやはり、人事管理そのものである。

社員が問題を抱えた場合、通常何らかのサインがあるが、外部からマークされる前に自社で先に気がつき問題を解決するのが、対象者特定の人事管理である。もしそのような社員が退職するのであれば、米国の多くの事例では秘密情報を盗むタイミングは退職の1ヶ月前からであることが参考になる。その間のアクセスログが、その後証明として役に立つ。場合によっては、退職予定の社員のアクセス権限は即座に停止しなければならない。アクセスログ管理が厳しいと電子データではなく紙で盗まれることになるが、そこはプリントアウトの頻度と量のモニターが役に立つ。ともあれ、退職時の一連の管理プログラムの中でログの確認やツールや紙の返却の確認は、きわめて重要である。

社員が知る必要性のない情報には、普段からアクセスさせないこともポイントである。権限を超えてアクセスしたいという社員は、それだけで脅威と認識しなければならない。他の社員のアクセスコードを借りて権限外の情報にアクセスしようとする社員がいる場合、匿名で「アクセスコードを借りたいと言われた」と報告義務を課すのも効果がある。日本でここまで徹底している企業は、これまでそれほど多くはなかったが、意識は急速に変化している。

米国の事例と同様の事件は、日本でも発生しているはずである。対策も共通する。

技術情報の防衛は攻撃でもある

秘密情報の守りは攻めに直結している。盗みにきた外国企業に気がつき同時に反転して差止請求や損害賠償請求をすることは、攻撃そのものである。

２０１５年には、不正競争防止法の大幅な改正が予定されている。大きく改正されることとして、刑事事件としては、国外犯の処罰ができるようになる。これにより、日本企業が国外においたサーバーの情報も保護される。これまで既遂しか処罰しなかったのが、未遂犯も処罰される。特に電子データなどの情報はいったん盗まれれば直ちに拡散される危険があるが、未遂段階で処罰対象にするほうが、はるかに現実的である。転得者も処罰される。これにより、エージェントやコンサルタントをダミーで入れて逃れようとしても、難しくなる。営業秘密仕様物品の譲渡や輸出入という行為も、処罰される。犯罪収益も没収される。

また、民事上では、被害企業の立証責任の軽減、除斥期間を10年間ではなく20年間にするなどの改正が行われる。

しかし、法律による救済は最後の手段である。まずは、企業自らが防衛する対策を可能な限り講じておくことが先である。

情報体系をどう確立するか

自社の競争力の源泉はどこにある？

情報体系の確立は、企業全体で行わなければならない。

経営トップの技術を守ろうとする意思は、この点で重要である。社内にどのような情報があるのかについて把握し、守るためにどのような方法をどれだけコストをかけて行うのかを判断しなければならない。守るためにガチガチにしすぎると今度は普段から使いにくくなり、ビジネスに支障をきたす。特許権は20年間独占できるが、侵害を摘発できなければ単にライバルに情報提供するだけになってしまうために、特許を出願するかどうかの判断は、ライバルがどのような相手であるかにより変わる。黙ってこっそり使うような相手がライバルであれば、特許出願をせずにノウハウにして公開しないという選択が多くなる。

日本企業は材料メーカーもさかんに特許を出すが、欧米の材料メーカーはそれほど特許出願せず、ノウハウにとどめる傾向が強い。特許出願にするかノウハウにとどめておくかは、相対的な各社ごとの判断であり、そのため自社の競争力の源泉がどこにあるかは経営者が判断しなければならない。そのためにも、自社の情報体系を前もって作っておくことが必要である。

情報体系は、ノウハウ自体を詳細に記載する必要はない。ノウハウは特許出願のような権利範囲を確定する作業などは不要で、それを知られないことに意味がある。また、実際のビジネスではノウハウは次々に改良されて進化していくものなので、ある段階で文章にして確定したとしても、その改訂を続けるとしたら社内で余計な手間ひまをかけることになり、労多くして効果はない。ノウハウを詳細に書くとかえって固定化し技術進化についていけないことと、何よりそれが狙われ流出するリスクが大きくなる。

階層作りから見えてくること

情報体系の項目は、階層に分ける。もしすべての情報に同じような価値があり、すべてを守るとすると、かえってルーズになる。中には公知に近い情報も含まれることになり、それを見てこの程度ならどう扱ってもいいという緩みが生じるからである。

階層分けをするには、本質的に自社にとって生命線であるきわめて重要な情報が、まずトップランクにくる。次に競争力を高めている自社のコアである情報がきて、その次に子会社や関連会社など実質的にコントロールできる相手に提供できる情報、最後に取引先など第三者に提供できる情報に分ける。以上は考え方であり、各社の状況にしたがって階層を作ればいい。

例えばトップランクにくるのは、研究開発の企画書や設計思想であり、その次にテストマニュアルなどがあり、それから個々のテストデータがある。商品の図面は商品が市場に出てしまえば技術が公開になるため、図面の作成過程の情報のほうが、はるかに重要である。商品図面自体は、商品を作るために取引先にも提供するため、情報の秘密管理のレベルとしては、やや下がる。

これらの階層別に社内でアクセスできる人を限定するのだが、限定しすぎると仕事に支障が出る。どこまで行うかは、自社の事情による。

例えば、伸びる業界で社員の転職者が多い場合は、アクセスを限定しなければならない。一般的にアメリカ企業は転職者が多いため限定する傾向が強く、日本企業は社員を信用し終身雇用という前提をとることが多いため、アクセスを広く認める傾向が強い。どちらでも必要なことは、現実に合わせてバランスをとることである。

合弁会社というトラップ

一転ライバルに……

日本企業は1960年代から台湾や韓国の企業と合弁会社を作り、技術を供与してきた。合弁会社は日本企業と提携先のふたつのブランドをつけた商品を生産販売し、一定の成功をおさめたが、それはある日突然、政府指導により打ち切られた。技術は覚えたからもう合弁会社は不要である、という理由である。それにより、ふたつのブランドがついていた商品は提携先ブランドのみになり、技術料は日本に送金されなくなった。その後しばらくして、かつての提携先は世界の市場で競合品を作る強力なライバルになって現れてくる。

同様のことが、中国との間で起きる可能性がある。台湾での先例もあり、中国政府が台湾の先例を百も承知でそのような政策をとるであろうことは、想像しておくべきだろう。

日本と台湾、韓国、中国企業の商品に似通ったものが多いのは、日本企業が過去これらの国に技術移転したものがベースになっているからである。同じルーツや設計思想の技術からは、何年経っても似たような顔立ちの姉妹品や兄弟品が生まれてくる。技術移転という自分が蒔いた種でなくても、商品が模倣からスタートしていれば、商品コンセプトは同じであり続ける。

2020年が大きな転換期になる

合弁会社との技術移転契約はどの範囲の技術を提供するか、対価をいくらにするかなど技術情報をどう扱うかを取り決めるが、技術情報を厳格に特定しておかないと次々に情報を要求され、流出に歯止めがきかなくなる。技術の特定が不十分な契約書は役に立たないどころか、提携先が技術を過大に要求する根拠になり、技術流出に直結する。

日本企業から合弁会社に駐在している日本人社員も、現地生産や品質保証を確実にするための安心材料として、日本の工場の同僚に要請して様々な技術情報を入手しようとする。それは職務に忠実だからであり、また仲間意識の強い生産部門の同僚たちは、技術情報を仲間の支援のために大量に現地に送ることになる。

しかし、合弁会社の管理下では、この技術情報は提携先の親会社にもすべて伝わる。こうした状況への対策は、関係者全員が合弁会社終了を今のうちに想定した対応をすることである。そうしたことにより、将来提携先がライバルになることを想定した、限定された技術の提供になる。

技術移転をしているのであれば、基本技術はすでに自社の知財として押さえているはずである。その改良技術も手中にあるはずで、これを拡大した市場に出願する。それも自社の事業が進出する前に、知財の対応をしておかなければならない。改良技術といえども新しい技術は世の中に出る前に、出願しないと権利にはならないため、知財対応は事業の進出よりも前にしなければならない。

したがって、これから事業進出の可能性がある国の知財情報を把握し、自社の事業進出計画を横目で見ながら出願をする。情報戦は知財戦略のコアである。

中国に進出した外国企業と中国企業の合弁会社は、２０２０年前後まで継続が認められているが、２０２０年に自主創新国家にするという意味は、そのときまでには外国企業の技術は学び終えていると想定しているということであり、合弁契約は打ち切られる覚悟をしておかなければならない。

知財をうまく使う

台湾で政府指導により合弁会社の解消に直面したときに、解消したあとも従来と同じレベルのロイヤルティを確保すべし、という仕事を担当することになった。

もともと合弁会社相手のときは品質レベルの維持が必要でもあるため、できるだけ技術を丸ごと教え、合弁会社が上げた利益もその国で再投資して、その合弁会社を拡大し、育てるように使う。それがいきなり合弁会社ではなくなるということは、将来のライバルになり、こちらを喰うことになる。昨日までの仲間が一転して敵になる。ホンダでは、関係者が皆怒り心頭に達するという状況になっており、うっかり妥協しようものなら社内で弱腰と糾弾されてしまう。

そういう場合にどうするかというと、使える知財を総動員して容赦せずに叩くことである。ホンダは台湾でいくつか特許を保有していたこともあり、それを使いたいならば条件はこうであると高額なロイヤルティ提示をし、結局はそれを飲ませた。もしこれが、特許がなくてノウハウだけの技術移転であれば、多くの途上国ではノウハウへの技術料支払いを認めないため泣き寝入りになる恐れがある。こういう場合の特許権は、非常に強力である。

COLUMN
酔わない方法

交渉では、延長して会食会が設定されることが多い。私はそれほど酒に強くない。酔わないで交渉を続けるにはどうすればいいか。単に酒を飲まなければいいのだが、それはそれでなんだかつまらない。

30代の頃、イタリアのカーデザイナーたちとの仕事が多かったが、彼らに「夜、もう一仕事があるときにワインを飲んでも酔わない方法は？」と聞いたことがある。居合わせた全員が「オリーブオイル」と答えた。彼らはその道の専門家なので「ミルクで胃をコーティングしてもすぐに流れてしまうが、オリーブオイルは持続性があり、深夜まで大丈夫」と体験談を語ってくれる。ワインを飲む前にパンを口に入れ、ワインを染み込ませて胃に流し込めばさらにいい、という小技まで教えてくれる。

それ以来、ここぞ、という重要な契約交渉をする会食会で酔いたくないときにはスプーン一杯のオリーブオイルを飲む。実際に中国の廈門《アモイ》市当局との会食会で、立場上、先方からアルコール度数が50度を超える白酒の乾杯を連続して受けるハメになったときに10杯までまったく平気だったのは、オリーブオイルのおかげである。

ちなみに11杯目からは、隣りに座っていた日本企業の人が、そろそろ代わりに乾杯をしてあげますと言って立ち上がったのだが、3杯飲んだところ、ダウンしてしまった。

第6章

ブランドマネジメント

ブランドは個性

ブランドはユーザーから見た期待

印象的なマークとともに、一連の商品群が特徴あるデザインで統一され、信頼できる技術によって裏打ちされることによってブランドの個性が確立する。個性がブランドであり、その個性をもって自社商品が最終的にユーザーに選ばれるようにもっていくことが、ブランドマネジメントである。

選ばれるための1番目のステップは、まず市場に自社商品の認識をしてもらう。2番目のステップは、自社商品がいいものとしてユーザーから好感を得られるようにする。好感は洗練されたマークやデザイン、強い技術により、その商品を持つ気分の良さをユーザーが持つということである。3番目のステップが最後でファンになってもらう。この三つのステップにより、自社の商品がユーザーに選ばれるようになる。

この三つのステージのどこにユーザーがいるかにより、ブランドへの忠誠心に差が出てくる。例えば、先進企業がブランドを確立すると、すぐにフォロワーがその個性に忍び足で近づいてくる。彼らは先進企業のセカンドブランドのようなふりをして市場に参入しようとするが、それは巧妙である。模倣と言われないギリギリのところにマークやデザインを似せて、技術的には落ちるが廉価バージョンならいいというレベルの商品で市場に入ってくる。このとき、1番目の認識レベルのステップにいるユーザーは簡単に廉価バージョンに移り、2番目の共感レベルは踏みとどまることが多く、3番目のファンたちは逆に熱意をもって一層ブランドに忠誠を尽くすようになる。

巧妙に忍び寄る真似からブランドを守れ

ブランド価値と知財価値は大体同じような内容になるが、ブランドマネジメントにおいて知財の考え方を使うのは、自社の個性にこっそり近づいてきた相手を権利行使により撃退するためである。それにより、自分の個性を守ることになる。知財が強固であれば、ブランドは強固である。ブランドを知財そのものとして把握することにより、自社の個性が何であるか、それが強いのかそれとも真似されやすい脆弱なものなのか、ならばどこを自社の個性として伸ばし強化しなければならないかを、はっきりと認識できることになる。

ブランドマネジメントの目標であるファンを作るのは、個性の強さが決定的な要素である。また、そこには必ず人が介在する。魅力ある人々がその商品を使っているという仲間意識、またその商品を提供する熱意ある人たちへの共感によりファンになってくれれば、その後黙っていても彼らは継続して自社の商品を購入してくれるだろう。

ブランドランキングというものがあるが、ランキングはどの視点で見るかにより、大きく違ってくる。アメリカのブランド評価会社は、アメリカ市場で知られているかどうかの視点である。TVや新聞でCMを見た頻度が多いという理由でブランド力があるというのは、おかしいだろう。

日本の新聞社は日本の投資家からの視点であり、経済産業省は企業の財務データを中心にして評価をする。投資の観点や財務データでランキングを作ると、知られていないB2B の企業がいきなり上位にくることもある。こういうランキングに惑わされてはならない。自社の個性がどういうもので、それを強くするにはどうすればいいかと考えるのが、ブランドマネジメントであり、自分自身で評価する力を持たなければならない。

知財による個性の担保

商標と特許・意匠との違い

ファン獲得に向けての知財活動は、どのようなものか。

ブランドは商標だけではなく、商品の見え方である意匠や著作権、さらには技術に対するイメージを想起させる特許権も関連する。知的財産は独占排他権であるため、自分の個性を知財で確保するのである。

いい商品は同じネーミングを使い何度も継続してモデルチェンジするが、ネーミングとともにデザインイメージも自社のブランドイメージとして継続させている。自動車を想像すれば、数十年もそのような手法をとっていることがわかる。

ブランドの観点では、商標権は強力である。デザインや技術はイメージとして企業ブランドを間接的に構成するが、商標は明確で直接的である。

そうした機能を持つ商標の使い方を、イメージ的に行ってはならない。なぜなら、企業内では明確な基準を定め、全従業員がそれにしたがって商標を使わなければならないため、イメージではいい加減になってしまう。その点では、特許権や意匠権とは大きく違っている。これらは発明や創作の時点で出願をするが、技術やデザインはその後も進化し続ける。商品を市場に出すときに、出願書類作成時点の技術にこだわる必要は全くなく、技術が進化したなら、さらにそれをカバーする内容で特許出願をすればいいだけである。

商標は正確に使う

企業は、自己のアイデンティティを示す商標については正確に使わなければならない。意匠権や特許権は、権利内容と実際に使うデザインや技術が同じであることは必要ないが、商標は登録された商標権とはロゴの字体やデザインが違う商標を使ってもいいというような管理をしていると、弊害が生じてくる。

企業は国際的な活動をする際に、国籍が異なる子会社、関連会社を通じて同一のブランドを使い、グループ一体として行動することが多い。その場合のブランドの機能は、グループ会社を束ねるものであり、グループ会社全体で一体となってブランド価値を高める活動をしなければならず、バラバラに行っていては顧客の混乱を招くことになる。そのためには、統括する親会社からグループ会社への明確な基準に基づいたライセンス契約の締結が必要ということになる。

例えば、商標を勝手に変形させてはならず、カラーや寸法についても厳格な基準のもとにグループ会社に使わせなければならない。そうしないと、模倣品が現れたときに自社の純正品との区別がつかなくなり、税関から確認を依頼されたとしてもわからないケースが出てくる。マークの形が少し違っているため模倣品として摘発してみたところ、自社の海外子会社で作った商品だったという事例は多い。

ホンダでも、東欧の税関で偽物の商標をつけたTシャツだとしてひっかかったのを調べてみると、別の国のホンダの販売店が作ったものだということがわかったという、笑えない話がある。自分たちも混乱するような管理をしていながら税関に模倣品摘発の要請をしたとしても、税関は判断に窮するだろう。

ブランドの階層

コーポレートブランドとプロダクトブランドの違い

商標は、自社そのものを表すコーポレートブランドが最も重要である。これは企業そのものを表現している標章であり、一旦不祥事などがあり、企業イメージが傷ついたりする場合には、人々の印象の中ではコーポレートブランドである商標のデザイン自体が汚れ傷ついたかのように見える。

コーポレートブランドは企業そのものを表す社名に近いものであり、社名は法律で日本語として表現しなければならないという制約があるのに対し、コーポレートブランドは市場で自社を表すために印象に残りやすいように作られる。名刺に特別なロゴと色をもって表示されているコーポレートブランドのほうが、実際に社名よりも人々の印象に残る。コーポレートブランドは価値を高め、傷つけないように万全の注意を払って管理する必要がある。

企業によっては、いろいろな事業を多角的に行っており、それに応じた事業ブランドを持つ場合もある。例えば、商品の販売、金融、飲食などユーザーが違うようなときには事業を別ブランドにする。事業別に同一の商標がいいのか、違うほうがいいのか、どちらがいいのか決め手はなく、自分たちでどうしたいのかにより決める。

コーポレートブランドは基本的には永続されるものだが、プロダクトブランド、つまり商品名は比較的小回りが利くとも言える。この違いは、ブランドマネジメントでは注意点のひとつでもある。

世界中で出願される商標があまりにも多くなりすぎていて、商品についての新規商標出願は、なんらかの他の類似する商標がすでに世界のどこかで登録されてしまっている可能性がある。そうした場合、コーポレートブランドが自社のものとして確立されていれば、プロダクトブランドをコーポレートブランドと組み合わせることが有効である。

例えば、フィットだけならただの言葉だが、ホンダフィットというように組み合わせれば明確なブランドになる。プロダクトブランドは失敗した商品や新鮮味を失ったときは、更新せずに放棄することになる。

商標の使用よりブランドの使用が厳密な理由とは？

コーポレートブランドもプロダクトブランドも企業のブランド戦略に基づいて定められた使用基準に従うが、商標の使用より厳密である。理由は商標が他との識別性の観点から区別がつけばいいのに対し、ブランドの使用基準は自分たちで同一性を定めるためのものである。したがって、色の使い方、書体、サイズ、表示方法さらには禁止事項を定め、使用マニュアルや使用ガイドラインなどを整備しておかなければならない。

グループ会社にライセンスする場合にも、基準を明確にする。グループ会社であることは株を保有していることが多いが、中には現地資本との合弁会社である場合がある。合弁会社であれば、他の出資先の企業とのダブルブランドになる可能性があり、自社のみでコントロールできない部分が増えてくる。それに比べると、プロダクトブランドについてはそこまでの厳格さは要求されない。

コーポレートブランドは、価値を高めることがマネジメントの目的だが、一方で世界の市場では販売拡大のための競争が行われており、プロダクトブランドは拡大されなければならないという目的がある。目的に応じて広くライセンスするほうが、効果的である。

ネーミングでの三位一体情報

理念やイメージをどう言語化するか

コーポレートブランドであれば、経営メンバーからの直接の指示により関連部門がプロジェクトを作り、検討を開始する。事業ブランドであればその事業を直接扱う企画部門、商品ブランドであれば営業部門、技術ネーミングであれば研究開発部門が検討をする。

企画部門は会社の方針や施策の情報があり、営業部門はマーケットのニーズや何が市場に受け入れられやすいかという情報がある。研究開発部門は技術の本質を見る情報を持ち、知財部門は使おうとする商標出願が世界で登録になるかどうか情報を持つ。

これらの情報を組み合わせて使うことが必要になってくる。これも三位一体の情報統合の一場面である。

知財部門の情報は、商標の出願業務で他社の出願も含めてどのような出願が拒絶になっているのかというデータや公開されている審決や裁判例の知識に基づくものであり、さらには自社で行った出願の結果がどうなったかという経験の蓄積による。また、候補のレベルの良し悪しについての評価ができるだろう。

知財部で商標を担当している人は、専門職として比較的長期に渡り同じ業務を行っていることが多く、そのため他社の商標で魅力あるものとしてどういうものがあるか、または失敗作はどういうものがあるかなどの情報の蓄積と知識がある。他社の失敗作に近いものを、敢えて自社で選ぶことはない。さらに類似した商標がすでに他社によって登録されているときに、どの程度変更を加えれば違う商標と言えるようになるかなどの判断ができる。

営業部門や研究開発部門で新しい製品のネーミングを考える仕事を担当している者は、企業内で専門職としてそのような仕事を行っているわけではないので熱意はあるものの、ネーミングについての蓄積や経験量が少ない。

知財部門で商標を担当すると、様々な研究や理論を学ぶことが多い。例えば、語感の研究がある。女性向けの製品には、ゆ、ふ、といった優しい響きの音の言葉の採用をすることや男性向けの製品には、ガン、ゴン、といった力強い響きの音の言葉を採用するなど、言葉や音、色から受ける印象など様々な研究がなされている。これらの情報はネーミングに役立つ。

自社の商標が世界の市場で受け入れられることにより、商品販売やサービスの拡大などビジネスの成功の可能性が高くなる。同じ値段、同じ性能の商品が複数あるときに買い手がどちらを選ぶかは商標によってであると言える。買い手が以前使用していた商品が満足できるものであればあるほどその満足感が商標に化体するし、もし不満足であれば不満足感が商標に化体することになる。

どのような商標を選ぶかという検討をする場合に、企業理念を言葉やイメージで表したものや、さらに商品の特徴などからいくつかの案を考え、その中から最も適切と思われるものを選ぶが、適切なものであるかどうかは、企業が自らの成功にかける思いが適切に表現されているかどうかが判断基準になる。

COLUMN
地方公共団体のブランド

ホンダ知財部でブランドについて調査したとき、個性があり熱意を感じさせることという人間的な要素がブランド力に直結する、という結論になった。そのような経験を生かして、県のブランド力アップのコンサルティングをしたことがある。

日本の都道府県は47あるが、県のブランドランキングは観光客や企業を誘致するときに魅力があるかどうかの指標になるため、どの県もランクアップを目指す。隣の県よりも魅力がなければ、客をとられてしまうだろう。

各県の風景は日本の最北端と最南端を比べればそれはそれで違うのだが、近隣の県であればあまり違わない。物産も同じような山海の恵みである。三陸わかめといったところで、青森も岩手も宮城も同じように採れるし、販売している。似た者同士の近隣の県との違いを印象づけるには、どのようにすればいいか。これが工夫のしどころである。

県のブランドランキングは京都が1位であり、北関東の茨城、栃木、群馬が最下位常連グループになる。他県に住んでいる者から見ると、特徴がなくて区別がつかないというのが理由である。

私が提案したのは、企業ブランド構築方法の応用だった。

まず、県の商標に階層を作る。1番目に県全体を示すコーポレートブランドのようなマークを作る。2番目に農業、林業、水産業など事業ブランドのようなマークを作る。3番目に商品名になるのだが、これは自由なほうがいい。これらを組み合わせて使い、品質保証、高付加価値化、他県との差別化をして個性を明確にし、認知度を上げる。

さらに仕掛けとして、熱意を持つ県の人たちを効果的に利用して、人々の共感を得られるようにマスメディアを使う。観光大使という存在は、その県の出身者ならいいが、他県や東京の人に観光大使を頼んでも、現場感はないだろう。

こうした個性と熱意をはっきりした形で示すことにより、県の個性を認識させ、県に住む人々に好感や共感を持たせてファンになってもらうことができる。県のブランドランクが上がれば、県への企業誘致もでき、物産の販売促進にもなって観光客も増えるだろう。

国の競争も同じである。国がクールジャパンを推進し、観光、投資、日本製品の売り込みにおいて他の国と競争をするときにも同じ手法が使える。国も自らの個性が強く、そこに住む熱意ある人々への共感が得られれば、ライバルとの競争で最終的に選ばれることになる。

第7章

国家間知財競争

経済連携と知財

知財制度は国別の制度

「知的財産権」という言葉は、一般的な用語として世界でほぼ同じように使われているものの、知的財産権自体とそれに含まれる特許権、意匠権、商標権、著作権などの定義は各国でそれぞれの法律で定められており、厳密にはそれにしたがって解釈されなければならない。つまり、知的財産権はいまだに国別に定義される概念であることに注意しなければならない。

ビジネスは国単位ではなく、複数の国を一単位として見ることが多い。世界中のすべてが同じレベルの市場というところまで時代は進行しているわけではないが、複数の国をひとつの市場として見る広域経済である。

国境を越えて商品が行き来するにもかかわらず、知財制度は基本的にはまだ国別の制度である。欧州特許やアフリカ特許、ユーラシア特許のように広域特許制度もあるものの、それは出願の方式であり、登録段階ではやはり国別になる。さらに、取り締まりや裁判などの行政や司法も基本的には国別である。したがって、自社およびグループ企業を守るためには各国に知財を持たなければならず、市場では自社の知財が侵害されていないかどうかを監視するのも、国別に行わなければならない。

現実的には、自社がビジネスを行っているすべての国に出願を行うのは、多額の費用が必要になり、医薬品以外ほとんどそのようなことはしない。

ここで、自社およびグループ会社を守るために出願すべき権利は何かを判断する必要がある。というのも、企業の知財活動は常に発生費用と得られる効果のバランス上で判断されるためである。

知財の国際的課題

各国に出願すべき最も重要な知財は、おそらく自社とグループ会社のコーポレートブランドに直結する商標である。国際的に活動する企業にとって、ビジネスを行っている国へのコーポレートブランド関連の商標出願は、市場の小さな国に対しても可能な限り行うべきである。一方で、特許権や意匠権は市場の大きい国に出願しておけば、侵害訴訟などの係争をそうした国で行えばよく、費用対効果として実際的である。

広域経済連携が進み、ビジネスの国境がなくなってくると、企業にとっては各国の法律や裁判が可能な限り、同じ内容やレベルになっていることが望ましい。なぜなら、対応が一元的にできる上、予測がしやすくなるからである。

日本は現在、環太平洋地域の12ヵ国による経済連携協定（ＴＰＰ）と日中韓豪、インド、ＡＳＥＡＮ諸国の16ヵ国による経済連携協定（ＲＣＥＰ）に参加しようとしている。知財は交渉の中で難航している領域と言われるが、それはＴＰＰにおいてもＲＣＥＰにおいても知財の、いわゆる南北問題に直面しているためである。先進国側は多くの知財を保有しているため、権利を長期間にわたり強いものにしたいという主張をし、途上国側は自国産業を育成する時間確保のため、権利をできるだけ弱くしたいという主張をする。

広域経済連携の先駆者としては、欧州連合（ＥＵ）がある。これは１９５７年に欧州の６ヵ国で調印した欧州経済共同体（ＥＥＣ）から進化し、現在では28ヵ国が加盟している。加盟各国間に経済的な格差はややあるものの、南北問題というほどではない。そうした状況下において、ヨーロッパ統一特許制度とヨーロッパ統一特許裁判所を作るのは、経済連携の効果としていわば当然の帰結でもあり、２０１５年に施行が予定されている。

それでは、ＴＰＰとＲＣＥＰにおいて統一特許制度や統一特許裁判所の成立はありうるだろうか。これについては時間がかかるとしても、これを目指す検討はスタートするべきだろう。その検討過程において、各国の制度が少しずつ調和されていくことが期待できる。ヨーロッパ統一特許制度も検討のスタートから実現までに40年近くかかっているが、実現した先行例になる。欧州はEU加盟国の産業レベルに大きな差がないために統一制度を形成しやすいが、TPPやRCEPに参加予定各国の産業レベルはそうではないので、より困難であるかもしれない。

知的財産の国際的課題は、広域経済連携の下での制度の調和から統一、その延長上に世界での制度の調和と統一につながる道筋で発生する課題である。それは一国の産業発展から広域経済連携下の各国の産業発展であり、さらには世界の持続的な発展がある。知的財産制度を考えるとき、すでにそのような視野の広さと視座の高さが必要になっている。

各国の戦略

ヨーロッパの戦略

ヨーロッパ統一特許制度は英独仏いずれかの言語で出願することにより、25のEU加盟国で権利となる制度である。さらにヨーロッパ統一特許裁判所が作られ、特許の有効性や侵害判断は一元化される。

ヨーロッパ特許庁（EPO）によると、ヨーロッパ統一特許制度は多すぎるEU各国語への翻訳費用負担の軽減が目的であると説明されている。しかし、EPOが2007年に示した特許制度の四つのシナリオを見ると、ヨーロッパ統一特許を世界の特許標準にしようとする意図があるように見える。四つのシナリオは発表して終わり、というものではないだろう。どの方向が世界の目指すべきシナリオであるかを検討し、EPOは自分たちの役目としてどういうことができるかを考えたはずである。

四つのシナリオのうち最も憂慮すべきは、地政学的に分割された世界経済のブロック化であり、それに伴うブロック化された知財制度だろう。もともと1883年のパリ条約は世界特許を目指したものだったが、この時点での世界の広がりはヨーロッパ中心でしかなく、そこで現実的に世界特許に近づける方法として優先権主張が生まれた。そうした世界特許制度を考えていた老舗の欧州としては、ここでヨーロッパ統一特許をもって世界標準にすることができれば、知財制度のブロック化を防ぐことができるかもしれないと考えたのではないだろうか。

2013年には共通特許分類（CPC）をスタートさせたが、これはヨーロッパ特許分類（ECLA）に米国の特許分類（USPC）を取り込んだものであり、そのまま世界の標準にする意図のようである。もし日本が詳細な分類にこだわるなら、世界の標準からすると特別な分類として扱われることになる。

このような動きを日本企業の知財戦略にフィードバックするとすれば、対応は比較的単純である。グローバルで競争する際に公平で効率のいい制度であれば、厭うことはない。それに合致するように出願をすればいいということになる。ヨーロッパ統一特許裁判所にしても、各国で個別に対応する手間ひまが省けることになる。結果として、ヨーロッパの知財制度の使い方に長けたヨーロッパ企業が有利になるだろうし、ヨーロッパの知財弁護士および関連の知財ビジネスが世界の仕事を獲ることになるだろう。

ＥＰＯが四つのシナリオを作り始めたのは、ポンピドー氏が長官の頃（２００４年７月～２００７年６月）からである。２００５年に、日米欧の三極長官会合と三極ユーザー会合がミュンヘンで一緒に行われた。私も日本のユーザー代表として参加した。昼食会の席で、ポンピドー氏が将来の世界の知財制度のあり方について話をした。ヨーロッパはやはり知財制度の老舗であり、世界の知財制度の秩序を作るのにヨーロッパが貢献したいと言う。

それから10年経つ。貢献したいという希望が、現実のものとなってきた。ヨーロッパの特許審査基準や裁判の判断基準を、世界の判断の標準にするような動きをし始めている。アメリカも日本もここできちんと考えないと、ヨーロッパの貢献ではなくヨーロッパの覇権ということになりかねない。

ヨーロッパ統一特許裁判所が具体化し、ミュンヘンとロンドンとパリの３ヵ所に裁判所を設置することが決まった。そのすぐあと、２０１２年にフランス特許庁長官が日本知的財産協会を訪問した。彼の話は日本企業が３ヵ所にあるヨーロッパ統一特許裁判所を使うときは、パリにある統一特許裁判所を使ってほしいというストレートなものだった。貢献＝覇権は、着々と進んでいるようでもある。

アメリカの戦略

アメリカは出遅れた。2005年のミュンヘンでの三極特許庁、ユーザー会合でそれぞれの代表は世界特許への道筋を語っている。日本知的財産協会からもこのとき、書式の統一から始まり、審査の統一を経て、登録の統一に続くステップを提案し、高い評価を得ている。こうした提案や研究を通じて、アメリカの制度の特異性が浮き彫りになっていた。もし、アメリカが自国の知財制度を世界の標準にしたいと考えるなら、早急に特異性を減じる必要があった。

先発明主義を変更し、2013年3月16日から施行されている先願主義はそのひとつである。先使用に基づく非侵害抗弁、ベストモード要件の緩和、登録後の異議申し立て制度の採用などもそうである。しかし、三倍賠償などの高額損害賠償などを世界とどのように摺り合わせていくかは、これからの課題である。こうした法改正の動きに呼応するかのように、アメリカの連邦巡回裁判所の主導による世界の知財裁判官たちとのディスカッションが、世界各国で行われている。

日本でも2011年10月に開催されているが、同様のディスカッションはヨーロッパ、韓国、中国の裁判官とも行われており、2013年にはワシントンDCにおいて世界の知財裁判官のシンポジウムが行われる予定である。当然ながら、主導権を握っているのはアメリカの裁判官たちである。

世界の知財制度の一元化、知財裁判の一元化に向けての動きは加速している。

日本企業はアメリカへの出願件数が多く、アメリカの法改正への対応はこれまでもうまくできていたし、これからもうまくできるだろう。日本企業の知財戦略として必要なことは、世界の大きな流れを意識しておくことである。アメリカが自国の知財制度をできるだけ世界標準に近い位置づけにしようとするとき、多国間で一気に制度を統一できる経済連携協定を利用するかもしれない。それも意識しておく必要がある。

中国の戦略

中国の2012年における特許と実用新案と意匠の出願件数は204万件あり、2015年の目標件数は250万件としている。これまで模倣品製造国として非難され、自らの発明がきわめて少ないと言われているため、国が発明奨励金を出して出願件数を増やすようにする政策は、発明のマインドを国民に植えつけるには一定の効果がある。おそらく250万件の内のかなりの件数が発明奨励金目当ての内容の乏しいものであり、すぐに維持年金を支払わずに放棄するものであるとしても、この過程を通じて発明とはどういうものかを学ばせる効果は大きい。

また、実用新案はいずれ減少し、特許の件数は増加するだろう。そのあたりは日本の戦後に実用新案が急増し、やがて急減したのと同じ現象が起きるはずである。

中国企業が将来においても模倣に終始するなら産業競争の場で脅威とは言えないが、新技術を作る力がつくとライバルとして存在感が大きくなる。特許協力条約（ＰＣＴ）による特許出願件数を見ると、中国企業のＺＴＥ、華為がすでにトップ３に入ってきており、他の中国企業も急速にＰＣＴ出願件数を増やしていることから着々と力をつけているようである。

２０１５年というのは途中の段階にすぎなく、２０２０年に目指す国家がより重要だろう。２００８年の国家知的財産戦略概要によると、２０２０年までに中国は経済成長を知識集約型に転換し、自主創新型国家にすると示されている。

現在、外国企業が中国に進出し製品を作ろうとするときに、中国企業との合弁会社を作ってそこで製造しなければならず、合弁会社内に研究開発センターを設置しなければならないとされている。研究開発センターの設置は、技術を学ぶためである。日米欧の企業が中国企業と締結している合弁会社の存続期間は、２０２０年が一応の区切りとされているものが多い。この意味は、２０２０年には中国企業は国外企業の技術を学び終わると想定しているためである。

国家中長期科学技術発展企画概要によると、海外から導入した技術の消化、吸収、再創新の強化を行うとある。再創新とは改良のことである。海外から導入した技術を改良して特許で包囲網を作り、中国が改良した製品を海外に輸出し、市場で競合する製品を包囲網として作った特許で叩くということが、具体的な意味である。新幹線の改良技術を特許出願した事例はなにも特別なことではなく、この考えを実行したにすぎない。

２０１５年の中国はまだまだ世界での出遅れを取り戻す段階だが、キャッチアップは急速である。以上のような中国の情報を認識したときに日本企業のとるべき知財戦略は、あとで困らないように手を打っておくことだ。国の産業政策により企業のビジネスは大きく影響を受けるが、国が発信している情報を丹念に見ながら同じような事例を歴史の中に探せば、ある程度の将来予測はできる。予測ができれば、それに備えるための手を打つことは可能になる。

韓国の戦略

韓国は、製品の輸出拡大により国を富ませる道を選択した。この数年の経済連携協定による輸出拡大とウォン安への誘導は、その方針通りだった。

ところが、韓国製品の輸出拡大に伴う知財トラブルが急激に増えている。韓国企業が２０１１年に特許侵害の裁判の当事者になったのは３００件近くあり、アメリカのＩＴＣによる侵害調査を受けたのは、２０１２年前半だけで50件近くある。出遅れて世界展開を始めた韓国企業は、キャッチアップするために侵害すれすれのところで製品を作るため、世界中で叩かれるという構図である。進出先の国での韓国企業の成功が韓国の生きる道ゆえ、国の総力をあげて韓国企業のための知財戦略支援をしなければならない。

２０１２年に行われた韓国関係省庁合同の国家政策調整会議資料によると、すべての官庁が協力して、韓国企業の国際知財競争力を強化するとしている。具体的には、政府間協議チャンネルを通じ国際紛争解決支援を行い、紛争発生の可能性が高い産業、企業を選び国が集中支援し、対象国の行政措置、訴訟の最新情報をリアルタイムで提供するなどの施策が挙げられている。さらに、海外現地代理人の選任のためのチェックポイントである経験、勝訴率、費用の適切性、日程管理などを対象国、技術分野、紛争の類型別に情報提供を行い、側面支援として韓国弁護士、弁理士の国際紛争対応力強化のため研修として国際紛争対応教育を取り入れる。

国からこのような支援があれば、韓国企業の海外での知財の対応力は強化されるだろう。各企業が自力で対応するのは費用や余力がある大企業であれば可能でもあるが、それでも企業の負担は大きく、それを国が代わりに補ってくれるのは役に立つ。

一方で、日本企業はこのような形で国の支援に頼る段階はすでに過ぎており、自ら努力して対応すべきであると考えている。それは以前、日本企業同士がライバルとしてアメリカなど海外で戦っていた名残でもあり、日本政府がどちらかに肩入れするというわけにはいかず、個別にうまく対応した日本企業が生き残るという構図であったためである。

しかし、当時と今の状況は違う。当時はアメリカなど限られた市場での競争であり、情報収集は企業で対応可能なレベルだったが、現在、世界の市場はアジア全域、中南米、中近東、アフリカ、ロシア連邦などにまで拡大しており、それらの国の情報を一企業で収集し分析するのは、負担があまりにも大きい。市場の広がりという観点からは、国からの情報支援がこれまでになく企業活動にとって意味があることになる。

韓国の弁護士の国際紛争対応力強化の施策は、いずれ中国企業が世界で権利行使を大量にしてくるという予測をする場合、特に日本からの技術移転による中国と韓国での類似商品が互いに競合商品になることを考えると、将来韓国が有利に展開するための準備にもなる。日本企業のうち自力で海外代理人を使い、海外の訴訟を勝ち抜く力のある企業はそう多くはないので、日本の弁護士による支援は役に立つ。

海外での訴訟は現地の代理人を使うにしても、彼らに対して日本企業の知財部員が直接適切な訴訟指揮をするには、相当な訓練が必要である。そのようなときに、日本の弁護士が日本企業を支援することは、大きな助けになるだろう。私自身も大型の案件では、日本の弁護士で国際経験豊かな人からセカンドオピニオン的にアドバイスをもらうことが、非常に役に立った。

日本の戦略

考えるべき四つのポイント

日本では2003年3月に施行された知的財産基本法以降、内閣官房知財戦略推進本部、経済産業省、特許庁などの官庁から知財戦略が毎年のように公表され、民間からは、日本知的財産協会をはじめ多くの知財団体が、それぞれの立場から国に対して知財戦略に盛り込むべき施策を提案している。それらの内容をどのように理解するか。戦略である限り勝つことが目標になるべきだが、観点として、国際競争力強化に直接役立つか、単なる制度整備で間接的なものか、分析または理念だけにとどまるにすぎないものか、むしろマイナスか、という四つに分けてみる。

国際競争力強化に直接役立つ知財戦略とは、情報と金とサポートの提供に関する施策になる。

企業の知財活動に必要な情報は対象国、技術分野など業種や立場により様々だが、それでも世界市場が広がっているため一企業では対応しきれず、国から提供される情報は、企業にとっては役に立つ。一企業が例えばアフリカでの知財訴訟で勝ったとしても、その具体的なプロセスや得たスキルを他の企業と共有することは基本的にはないが、その知財訴訟を国が支援することにより、抽出されたエッセンスの情報は日本で共有されることになる。そのように国が必要な情報は何かを整理し、提供することは役に立つ。

例えば特許庁による国際知財戦略（２０１１年）では、新興国知財情報、海外活用ネットワーク、海外進出支援プラットフォームを提供するとしている。またデジタルネットワーク侵害発生国、クールジャパン展開時の海外の規制に関する情報を提供すべきとする民間からの提案もある。このように、必要な情報は何かを検討することは、戦略として有効である。

金すなわち費用については、援助してくれるならそれに越したことはない。企業の知財活動は常に予算の制約があり多額の費用がかかるが、インパクトのある効果を示すことができるのは、裁判に勝つなどの限られた場面である。

日本企業は、通常日本出願書類を作り、翻訳して外国出願書類に切り替えるというステップで外国出願をするが、欧米企業に比較すると翻訳料と代理人が二重になるため、１件あたりの費用がかなり割高になっている。

例えば、内閣官房知財戦略推進本部（知的財産推進計画２０１２）ではグローバルに戦う中小企業のため特許、意匠、商標の外国出願費用の半額助成をするとしている。また、民間から各国の標準規格の取得費用や安全規制対応費用の補助制度を作るべきとしている提案もある。このような援助は直接役に立つ。大企業であっても外国出願に必要な費用は件数が多い分、重い負担になっているので、これを緩和する施策は直接効果があり、結果として日本企業の外国出願率を上げるのに役に立つ。

サポートの提供としては、特に現地支援が役に立つ。

特許庁による国際知財戦略（２０１１年）には、海外知財支援機関の連携を強化すると書かれているが、特許庁からの出向者がジェトロの海外拠点で進出企業の支援活動を行うことは非常に有効である。まだアジア中心だが、アフリカや中南米も早い対応をしてほしいところである。今のところは情報提供が主な仕事だが、海外進出企業向けに商談、契約交渉、侵害対策対応への支援などの実体面でのサポートは、日本企業に大歓迎されるだろう。

知財制度を整備する施策は、知財戦略という名称で語られることがあるにしても、それ自体は制度を利用しやすくするということにすぎないため、直接グローバル競争に役に立つものではない。

マイナス面を見過ごすな

また知財戦略とされてはいるが、逆効果になっている例としては、日本の官庁が日本企業の知財戦略の成功例を各企業にヒヤリングし、いろいろな例を聞き出してまとめ、外国語に翻訳して近隣諸国に知財の日本の活用例として紹介したという例がある。官庁からヒヤリングをされると企業はいろいろ話してしまうが、よもや外国企業のテキストとして使われるとは思いもよらなかったのである。競争相手に内部の情報を出すのは、グローバルで競争をしている日本企業にとっては、マイナスでしかない。

日露戦争と太平洋戦争のときの日本の戦略の違いは、勝つという一点に絞って策定したかどうかである。太平洋戦争のときは、目的が複数になったり、曖昧になっていたりするが、それにより優先度がつけられなくなってしまい、結果としてうまくいかないことが多い。グローバル産業競争がかつてないほど激化している現在、知財戦略の名の下にたくさんの項目を列挙するのは、かえって目標を見失う結果になる。

産学連携のグローバル競争

ビジネス志向が多い海外の大学

日本国内でのみ産学連携を考えても、それほど成果は上がらない。日本の大学はビジネス志向が弱く、海外の大学の最新のビジネスモデルとの競争をしているという感覚が少ないようである。日本企業でグローバル競争をしているところは、当然のように海外の大学との接点が多くなるが、例えばホンダでは1年間に大学に支払う委託研究費は、海外の大学向けの金額の合計は日本国内の大学向けの10倍以上になっている。なぜ、そのようなことになってしまうのか。

企業は商品の研究開発にできるだけ技術者を向けるために、原理の証明などの基礎研究については大学に委託したい。特に日本の大学であれば、そこで研究に参加した優秀な学生が就職してくれる可能性があるので、そうしたつながりも作れる。海外の大学からは学生の就職の可能性は少ないのと言語の違い、打ち合わせを頻繁に行いにくいというハンデがある。圧倒的に、日本の大学が有利なポジションにいるはずである。

企業がある研究テーマを大学に委託する場合、日本の大学と海外の大学からの反応はかなり違う。日本の大学からは、担当する教授からつつましやかな費用の概算とともに、努力するとのメッセージが送られてくる。海外の大学からは本格的な研究企画書に、研究終了までの期間、途中のマイルストーンでの中間報告内容、最終的な到達成果の保証と保証はできないが目標とする数値、担当する研究者とポストドクターたちのこれまでの業績と特許出願内容が記載され、詳細な見積もりとその根拠が示されている。費用は高いが、成果を得る確実性は海外の大学のほうが高く感じられる。

契約の段階になると、日本の大学は文部科学省の契約案を提示し、変更は基本的に認めない。これに対して海外のビジネス志向の大学は、自分に蓄積のある技術であればそれを説明しつつ、その上で蓄積部分を自分でキープしつつ新しい成果の部分にふさわしい条件を提示してくるが、蓄積がなければ企業の資金で成果が作られるため成果をまるまる譲り渡すなど、実情に合った合理的な内容の契約案にしてくる。同じ研究でも委託費用の金額により譲渡、独占、非独占、一部範囲限定など、納得性の高い処理の対応ができる。

海外の大学も以前からそうだったわけではないし、すべてがそうだということではない。参考になるような例として、バテル記念研究所などがこのような方法で企業からの受託研究を盛んに行い、企業の豊富な資金を受け入れつつ、その資金をもって設備を充実させ、優秀な研究者を雇い入れ、さらに新しい受託研究をしたというような成功モデルがある。そのような成功例を見て、世界中にビジネス志向の大学がたくさんできたように思う。

バテル記念研究所は、オハイオ州コロンバスやスイスのジュネーヴに研究所があり、コピー機など新しい発明で世界をリードしてきたところである。私も毎年のようにどちらかの研究所を訪問したが、契約交渉で苦労したことは一度もない。その技術に合った合理的な条件を双方で探るため、合意しやすいのである。

日本の大学は、パターン化されたアプローチをしすぎているように思う。予定された定型フォームを使うことは楽だが、現実の変化にすぐに対応しにくい欠点がある。

ともあれ、大学に委託研究したいテーマがある場合には、世界の大学に投げかけてみればいい。それもオープンイノベーションのひとつであり、それにより得られる経験は貴重で必ず役に立つ。

大学も知財戦略が不可欠

日本の産学連携の強化が知財戦略のひとつとして掲げられるとき、強化自体は誰も反対するものではないため、知財戦略の項目として収まりはいい。しかし、グローバル競争に役立つような戦略性を持たせるためには、国内だけ見ていても不十分である。

世界でのビジネス志向の大学は欧米のみならず、アジア、南米、湾岸諸国、アフリカに至るまで、多くの大学が企業との共同研究により企業からの多額の研究資金を受け取り、設備やスタッフを充実させ、さらに次の共同研究に結びつけて成果を出している。新興国の大学であれば技術をその国に普及させる拠点になる上、日本企業からその国に投資をする前段階としても位置づけられるので、政府から優遇され非常に有利になる。

もし日本の知財戦略として産学連携を掲げるのであれば、グローバル競争の現実に合った海外の大学との連携も含めた世界戦略であれば、将来に向かっての意味が大きい。日本の大学にとっても、海外の大学との競争により力がつくことになる。そのような具体性を示さずに産学連携が日本の知財戦略であると言ったとしても、進展するとは思えない。

アメリカの弁護士たちと話していて、「日本の大学の特許は、黙って使ったとしても海外市場を見ていないから、絶対に権利行使してこない」という発言を聞いたことがある。もし、黙って使うのが彼らの戦略なら、こちらは積極的に権利行使をする戦略をとらなければならない。日本の大学が海外で自分の権利の市場フォローができない場合には、代行するというビジネスチャンスも新たに生まれることになる。ともあれ、大学が知財戦略を実行するならば、グローバル競争でのバトルに身を置き、前線で戦う必要がある。

知財制度のこれからの難しさ

知財の問題点

知財制度は、20世紀後半の進化段階の企業競争のツールとして適していた。しかし現段階では、状況に合わないことが多くなってきている。

例えば、情報の速さ、研究開発の速さ、人の発明が一定のパターンであることによる発明の同時性にもかかわらず、20年間の長期にわたる独占の不具合、産業の発展の目的からはずれた悪用、取り扱い説明書を読んで、机上で発明を作り上げ、メーカーに権利行使をする、権利行使するためだけに他者の権利を譲り受ける、企業の自由意思で、技術を埋もれさせることができる（環境技術も含めて）、などである。

知財制度への否定的意見は、現在とても多くなっている。

例えば、特許制度は二次産業より三次産業のウエイトが大きくなってきている産業構造の変化に対応できていない。発明の生まれ方の変化として一個人の発明ではなく市場調査、企画、開発という組織対応で行う法人発明という概念が導入できない。企業の技術開発とビジネスに国境がないにもかかわらず、国別の制度をいまだに引きずっている。件数の急増で、特許庁の審査破綻だけではなく、各企業による第三者の特許侵害調査もできなくなってきている。特許権の極端な不安定性として登録された特許が裁判で無効になるのは40～70%であり、あらゆる権利で最も確実性がない。世界公知の調査は実際上不可能で、進歩性判断は審査官の主観でしかない。

特許制度は独占による利益を開発のインセンティブとするが、独占ではない別の次元の利益としての、名誉、社会貢献、公共のためというインセンティブがより大きい。パテントプール、大規模無償クロスライセンスという一括処理は特許をもてあましている証拠である。技術者が特許の存在を知ると故意侵害になるから特許は調べないようにし、警告がきてから対応するため無視されている。企業が研究開発投資を決める時点で、他社の特許の存在はよくわからない。時間が速い現代において18ヶ月公開されず、登録まで3年半かかり、登録後も請求範囲の変更ができ、20年間も独占させるというのは世界の時計に合っていない。

こうした意見は何度も言い古されているが、それでも人間の知恵に依存して世界は進歩しているのは事実であるため、創造の成果を保護する知財制度を否定することはできない。どのように批判されようと、我慢してこれらの問題をひとつずつ解消していくしかない。

ネットがもたらす新たな問題

全く新しい問題も生まれつつある。ユーザーにより作られたコンテンツはＵＧＣ（User-Generated Content）と言い、それが生まれるサイトや媒体をＣＧＭ（Consumer-Generated Media）と言うが、これはデジタルネットワークの進化により、これまで制作側が行っていた仕事を、アイデアがあれば誰でも参加して創作できるようになったということである。特に、既存の著作物を利用して別の作品に仕立て上げる二次的な創作のやり方は、どんどん進化している。

既存の映画や映像や音楽を再編集して作った動画はＭＡＤムービーと呼ばれるが、動画サイトで見ると非常にセンスの良さを感じさせるものもあり、これからますます進化すると思う。ということは二次的な創作にとどまらず、さらにそれを再編集するような創作者がクラウド的に発生し、それにつれて権利関係も複雑になる。これらの対応を著作権法で行うのは、実際にはすでに難しくなっている。オリジナルの著作権者の許諾と言っても、もはやオリジナルが何であったのか原型をとどめないことになっている可能性があり、そのような場合に複製権や翻案権を今まで通りに議論はできないだろう。

著作権法では、発生までは世界同時創作を認めて権利として成立するが、権利行使となると各国法に委ねられ、そこでうまく対応できなくなるのは現在の著作権法の限界である。

特許においても、ユーザーのアイデアを取り入れて商品を改良していくときに同様の問題が起きつつある。市場でグローバルのクラウドの中から自由にアイデアを取り入れるタイプの商品は、Consumer-Generated Products とも呼ぶべき存在になっており、誰の発明であるか、またそれを改良した場合の権利関係はどうなるかが問われる。

そのような問題を考えるときの態度としては、もはや各国の産業の発展を目的として知財制度を語るのではなく、世界で制度を調整しながら公共の福祉のような概念を優先させ、いたずらに権利を複雑化しないことだろう。

第8章

未来へ

研究開発は日本企業の生きる道

技術供与で外貨を稼ぐ

日本企業が得意な研究開発から将来も数多くの成果が生まれることになるが、その後の生産となると、販売国で生産するほうがその国の支援を受けられるので、何かと好都合である。それは物流のコストがかからないだけではなく、現地人の雇用に貢献し、その国に税金を納めるのでいろいろな恩典や優遇措置を受けられるからである。したがって、日本での生産は日本向けが中心になり、海外向けは現地での生産になる。それでも、海外向けの研究開発は日本で行うことが中心であることは変わらない。現地での研究開発は、日本で行った基本部分を現地仕様に切り替える程度のものである。

そこで、日本企業が得意の研究開発成果を使って確実に外貨を稼ぐためにはどうすればいいか。基本的には、海外子会社または合弁会社にライセンスし、その技術料を収益として確保し、次の研究開発に投資することである。

2012年の日本の技術貿易収入の2兆4千億円のうち、1兆7000億円が親子関係の取引によるものであり、全体の70%を超えている。これを見て、親子ではなく第三者からの収入を増やすべきというコメントが出されることもあるが、それは間違いである。

海外の自分の子会社ほど、信頼できるパートナーはいない。彼らの技術の管理は万全で、技術情報の漏洩の心配はなく、技術料は各国の税制を横目で見ながら自由に設定でき、なによりも将来親を喰うライバルにならない。これが第三者への技術供与であれば、最初のうちは仲良くしても数年後に実力がつくと独り立ちし、さらに供与した技術思想に基づいて製造してくる商品は姉妹品のように類似したものになる。類似品であれば、多かれ少なかれこちらの市場シェアは喰われる。

それを知った上で、第三者にライセンスする技術は何かを考えればいい。

日本企業にとって海外に技術をライセンスして費用を回収し、その費用をもって新たな研究開発を行うサイクルが今後の重要なビジネスモデルである。多くの権利を保有する日本企業の潜在的な競争力は非常に高いが、他者を排除して自分だけが独占するように権利を使うのではなく、他者に利用してもらうために権利をどう使えばいいかを考えるのが、日本企業の知財戦略になる。

日本企業の行動パターン

名こそ惜しけれ

日本人の行動原理としては、鎌倉時代の「名こそ惜しけれ」がある。中国や韓国は唐以降アジア的停滞が長く続くが、日本はこの行動原理により鎌倉時代から一気に競争社会になる。そして、江戸時代の儒学者・思想家・文献学者である荻生《おぎゅう》徂徠《そらい》に代表される、人文科学的な思考による合理的精神が日本での支配的な考え方になり、明治を迎える。

現代の日本企業も「名こそ惜しけれ」の気分のままである。会社の名前を傷つけてはいけない、会社のために働く、という言葉を世界で一番発するのは日本企業の社員である。そのいい点は、自分を世界に向かって恥じることがないようにという、行動の気分の良さである。しかし自分はさておき、競争相手の行動原理はどう違うかという情報は、知っておかなければならない。

サムスンやヒュンダイを退職した弁護士たちと話すと、組織統括に関して共通しているのは、上下関係の厳しさである。確かに韓国企業との会合などでは彼らは上司に最敬礼をし、上司が発言する内容には決してさからわない。一方で、日本企業では上司がどう言おうが、下位の者は自由に発言している。ときには上司の発言に平気で異を唱える者もいる。

単純な目標に突き進むときには、厳しい上下関係のもとに上命にさからわないという行動原理は強く、成長期にある企業にはその効果がある。しかし成熟したときには、それは弱さになる。というのも、多面的な意見が出ないからである。

それでも、キリスト教がベースの欧米企業や儒教をベースとする中国企業、韓国企業は日本企業にとって比較的理解しやすい行動パターンである。しかし、相手企業のキーパーソンがシリア系やレバノン系のような中東の出身者である場合など、対峙する場合の相手の反応が合理的か、こだわりが強いか、妥協しやすいか、頑固か、メンツをどれだけ重要視するか、などの情報は役に立つ。コーランは散文的に書かれていて我々の知る仏典の内容とは相当に違うが、それが相手企業の行動原理になっているときには、目を通しておいても悪くはない。

もっと情報に敏感に

日本企業という組織では、協調性が重要である。与えられた役割の仕事から逸脱しないで生真面目に行うことが求められ、マネジメントスタイルは日常が平穏であるよう内部調整を優先し、刺激的な外部情報はあまり重要ではない。

昔の農村社会でも同じ場所で毎年同じ時期に同じことをし、それを繰り返すため、マニュアルや一定のパターンが好きになり、変化を好まなくなる。仕事では共同で行うチームワークの形式が得意になる。組織は、農村における庄屋制度のようにリーダーは調整役に徹し、調整力がある人がリーダーになる。まずい情報は隠してもあまり問題は生じない。

日本企業は意識的に手を加えないと、ご先祖のやってきたパターンに戻りやすい。平穏なときには同じパターンを繰り返すと力を発揮できるが、環境に変化が大きいときは変化に対応できなくなるため分が悪くなる。日本人のＤＮＡはブリヤート・モンゴル人が最も近いと言われるが、彼らの遊牧社会では情報が生死を決する。常に移動するため、どこの野営地が安全か、冬はどこに養うための草があるか、情報に敏感で判断できる者がリーダーに選ばれる。不利な情報は、最も重要な情報になる。

日本企業は変化の大きい今は、情報に関しては、こちらのＤＮＡを使うほうがいい。日露戦争までの日本は世界中にアンテナを張りめぐらし、情報を仕入れ、的確な判断を繰り返し、それによりかろうじて勝てた。危機意識が高い明治維新後、37年間は非常に優れた情報国家であった。しかし、その後の40年間、日本はまた情報に鈍感になった。日露戦争がたとえ薄氷を踏むような勝利であっても、勝ったという成功体験で作られたマニュアルがその後変更しにくかったのは、容易に想像できる。

産業競争においても、同じ現象が起きやすい。

日本の電機業界は、1980年代から90年代にかけて世界を制覇したと言っていいほど勝った。その結果、世界の情報に鈍感になった。無論それだけが理由ではなく、新興国企業の巧妙なやり方に足元をすくわれたところはあるが、そこでの情報戦に敏感でなかったとも言える。新興勢力が世界で急速に伸びてきても、日本の電機メーカーが日本を中心に大量に特許出願を繰り返し許諾申し入れを待っていたのは、お行儀が良すぎたかもしれない。日本の権利者が何も言ってこないという事実を通じて、新興国企業は権利行使されない知財は黙って使ってもいいことを学習した。

サムスンとアップルの裁判を見ると、サムスンは初期にアップルに対して事前にライセンスの申し入れはしていない。彼らは結局アップルの権利行使により、レッスンを受けたことになる。

60年ほど前は、日本企業が新興勢力として欧米企業からレッスンを受けた。それでも日本は戦時中でさえ、零戦のプロペラのライセンス料を米国の企業に支払いながら戦ったという話があるぐらい、ビジネスマナーを重視する。自分はそのような行動原理であったとしても、相手も同じはずだと推測してはいけない。行動原理は宗教や国によって、全く違うのである。

日本企業の知財戦略に世界の変化をフィードバックさせなければ、日本軍と同じ轍を踏む。

外部の情報は意識して意味を見出していかないと、ただ頭の上を漂いながら通りすぎるだけの存在になる。社内における技術、知財と営業の三位一体の情報の組み合わせも重要だし、社外のライバル他社の行動原理の情報も重要である。これらの情報を組み合わせることにより、自社のとるべき知財戦略と現場での戦術がより明確になる。成功体験のときの情報だけで戦おうとするのは、無謀である。情報を適切に把握しないで作る戦略は効果がないどころか、企業活動にはかえってマイナスになる。

「環境・健康」vs「知財」

知財の本質

この対立は、20世紀ではまだ正面から衝突するほどの議論ではなかった。

変わったのは、2008年の国連気候変動枠組条約（UNFCCC）の第14回締約国会議（COP14）において、環境技術を知財の名の下に一部の国または企業が独占をしているのは、世界の環境にとって好ましいことではない、という批判が途上国から噴出してからである。その主張の中には、各国でTRIPS協定により認められている強制実施権を環境技術について発動すべし、というものも含まれる。

世界の環境保護のため、さらには人類の幸福のために知財制度はその独占権を本質とする部分を譲るべきであるという主張は、ある意味では正しいだろう。各国の特許法や知財に関する法律は、自国の産業発展のためという目的をその冒頭に表明しているが、世界のためにとは書いていていない。知財制度は、各国の産業発展の目的のためにその国の次元で物事を見ているにすぎない。今、我々は知財制度を世界の環境や人類の幸福に資するものとして扱わなければならない。

健康問題も、知財の関連では同様の問題を含んでいる。日本だけではなく、諸外国の知財制度は、アフリカの子どもたちの健康を全く想定していないのである。

実は、世界保健機関（ＷＨＯ）は世界知的所有権機関（ＷＩＰＯ）に対しては常に挑戦的である。

例えば、彼らは最貧国への医薬品の普及のために、知財制度はその独占権を譲るべきであると主張する。健康に害があるタバコのパッケージに、商標や意匠権を使わせず、どれも同じ色とデザイン、同じ書体の文字を使うべきとするプレーンパッケージ規制の主張も、この数年、急速に各国で浮上してきた。２０１２年の英国保健省の主張をはじめ、オーストラリアやニュージーランドではすでにプレーンパッケージ規制の方向に進みつつある。

知財制度として考えると、識別性がなくなり商標の機能が喪失するということを許すかどうかという問題になる。たばこ産業にとってはメイン事業の死活問題であり猛反対しているが、もともと知財制度は産業発展のためのものであり、人類の幸福や健康のためという議論とは次元が異なるために、かみ合ってはいない。たばこ産業は健康に害がある食品すべてに波及する問題というが、今のところプレーンパッケージ規制は食品産業全般に及んではいない。この問題に対し、どのような意見を持ち、態度をとるかは各人の世界観によるだろう。

私自身は、知財制度は産業発展のひとつのツールであり、産業はより広い概念である世界の環境や人類の健康のためには原則的には一歩譲るべきであると思うが、ツールである以上、その機能をうまく工夫することにより、有効な解決策を見つけだせるはずである。こうした問題について、知財の専門家たちは異分野の専門家たちと真摯に検討しなければならない。知財制度は一国の産業発展という視点だけではなく、世界のイノベーションや持続的な経済の発展はどうあるべきかという視点で考えなくてはならない。

未来の子供たちに青空を

知財が救う世界の環境

私は1977年にホンダに入社した。配属先は、希望通りに株式会社本田技術研究所の特許部門だった。なにやら知恵を使う部門のようなイメージがあったのである。

当時わざわざ特許部門というよく知られていない仕事を希望する者は珍しかったようで、すぐに先輩たちに囲まれて、なぜ特許の仕事を希望したのか、どこに関心があるのか、今までどういう勉強をしてきたのか、などの質問攻めにあった。先輩たちはどうやら自分の領域を希望してきた奇特な新人を育成してやろうという気になったらしく、その後親切に仕事の基本を教えてくれた。もともとホンダには若者の生意気さを歓迎するところがあり、私もごく短期間で生意気な口を利くようになった。

仕事は今で言う、技術法務である。それまでのホンダの特許部門では知財法務を専門とする担当がいなかったため、すぐに技術法務の仕事を全面的に任されることになった。

最初は、CVCCエンジンのライセンス契約の管理である。CVCCエンジンの特許出願は、まず日本に出願してから様子を見て外国に出願するというようなありきたりのものではなく、最初にアメリカに出願し、そこでできるだけ早く権利化し、すぐに世界展開するという最初からグローバルな競争を中心に考えた出願戦略だった。日本に特許出願しても登録になるまで長期間かかるため、より早く登録になるアメリカを第一国に選んだのである。その結果、CVCCエンジンの特許出願は、短期間のうちにほぼすべての主要国で登録になった。

特許の本質は、独占である。しかし、本田宗一郎は一社でCVCCエンジンの技術を独占せずに「未来の子供たちに青空を」という選択をした。世界中の自動車メーカーにCVCCエンジンの技術をライセンスして使ってもらうことが、スモッグで汚れた空から青空を取り戻し、世界の環境のためになるという決断である。本田さんのサインの入ったレターは世界中の自動車メーカーに送られ、フォードやトヨタ自動車へのライセンス契約が締結された。

私の仕事は、送ったレターのフォローと締結された契約の管理であった。ライセンス契約の最初の熱気が一段落したあとだったので、歴史的な事実として記録をたどり、俯瞰的に見ることができた。本田さんのレターに対して、クライスラーやポルシェやブリティッシュレイランドなど世界中の自動車会社から送られてきた返事はほとんどすべてが好意的な返事であり、まるで世界の自動車会社の間で地球の環境をよりよくしたいという意思統一がなされつつあるかのようだった。無償でのライセンスではない。ビジネスとしての成立性を考えた、有償の合理的な取引だった。

その後、30年が過ぎた。２００８年の国連気候変動会議（ＣＯＰ14）において、先進国側の特許により世界で環境技術が独占されており、それゆえに特許は無視されるべき、または強制的に（勝手に）使ってもいいようにすべきという提案が中国を皮切りに一斉に新興国から主張された。これに対してゼネラル・エレクトリックなどのアメリカ企業から、新興国の強制実施権に反対する企業グループを作り、各国政府にロビー活動をしようという提案が環境技術を持つ先進国グローバル企業に対してなされた。日本でも数社に参加してほしいと連絡がきたようだが、当時ホンダの知財部長であった私も熱心に誘われた。

しかし、ロビー活動により強制実施権への反対運動をしても、それ自体は温暖化阻止の改善にはならない。私は誘いを断った。それでは別の方法はないか。道はひとつではなく、必ずあるはずである。

知財制度の〝不都合な真実〟

地球温暖化を少しでも阻止するためには、環境技術を世界で共用すべきである。そのために知財のライセンス機能を利用し、ビジネスとして成立性があるような提案ができないか。

ちょうどその年の秋に、ＷＩＰＯ主催のベトナムでの２週間知財交渉トレーニングコースにトレーナーとして参加した。このトレーニングコースは主として大学の教員を対象とし、ハノイ地区とホーチミン地区の各大学の教授グループに分かれて模擬交渉をするものだが、私はハノイチームのリーダーで、サイゴンチーム（ベトナム人は懐かしさを込めて今もサイゴンという表現を使いたがる）は、アップルの元ライセンス部長でＷＩＰＯの新興国ディレクターのシンシア・カナディ氏だった。

プログラムの途中でいろいろな話を聞いた。ベトナム人の特許は今も1年間で30件程度の登録であり、外国人の特許は７００件程度の登録で、多くは医薬品である。日本で年間20万件前後が登録になるのに比べると、特許の数は非常に少ない。先進国企業が特許ライセンスをすると言っても、ベトナムでは特許を持っていないのである。自然消極的になる。他の新興国も同じようなものである。

つまり、特許ライセンスだけでは数が少なすぎてビジネスにならない。特許がないなら新興国が勝手にその技術が使えるかというと、そうではない。技術は基礎からインフラを整え、ノウハウ、トレーニング、部品提供、メンテナンスなどいくつもの要素で支えなければ使えない。特許ライセンスは、同じレベルの基盤技術をすでに持っている相手だけに通用するビジネスなのである。ハノイ大学の女性教授の発言が印象的だった。

「もしベトナム人が技術をほしいと思っても、世界のどこの誰が持っているのか、また会いにいっても使わせてくれるかどうかわからない。世界の大企業をわざわざ訪問しても、門前払いになるかもしれない。空振りになるかもしれない訪問に、お金は使えない。ライセンスを受ける側は、そんなに図々しくできないのですよ」

この頃『不都合な真実』がすでに公開されていた。世界でいい環境技術を持つ企業が、特許の下に独占してしまい、世界のためにではなく自社だけのために使う、さらには防衛出願という名のもとに自社で使わない技術をごっそりと押さえてしまう、という「知財制度の不都合」も現実に多くあった。独占権というのは、そういうことである。本来世界で利用されるべき技術を自社の生産能力の限界の範囲でしか利用できず、防衛出願は技術を殺してしまう。

こうした背景で、技術取引の新しい仕組みを考えた。

最初は日本の官庁に対し、国として採用してもらえないか何度も説明したが、当時会った人たちは検討するという回答だけで、それ以上進まない。

次に、ＷＩＰＯに提案してみた。ＷＩＰＯは国際官庁ではあるが、企業実務経験者が多い。彼らは、このコンセプトは機能すると判断し、すぐに採用することになった。こうして、ＷＩＰＯグリーンが生まれた。

特許は開発投資の回収のため技術の独占を認めるという制度ではあるが、一方で技術を共用するためのライセンスという合理的な手法を有している。ライセンスをうまく使うことにより、世界はもっと技術の恩恵を受けることができる。

2013年11月28日、ジュネーヴの世界知的所有権機関でWIPOグリーン公式スタートのイベントが行われた。WIPOグリーンは、環境技術を展示する世界のデパートのようなものである。すでに1000件以上の環境技術が登録されているが、そこでは環境技術の所有者がライセンス可能な技術を表示し、また必要とする国、企業がどういう環境技術がほしいかを表示することができる。マッチングができれば、そのあとは交渉の調整者などのサポートが入り、ビジネスが始まる。

50年前にホンダが低公害エンジン技術を開発して「未来の子供たちに青空を」というメッセージにより世界にライセンスをすると発信したように、環境技術は1社や1国のためだけのものとケチに考えてはならない。知財を独占という機能よりも技術の普及という機能に着目して、環境技術をより広く使えるようにし、地球環境を守らなければならない。

技術取引の新しい仕組み

ライセンスビジネスの実務上最も大きな障害は、相手の選択と契約交渉の大変さである。最初に相手を見つけ出すことから始まり、技術+知財の範囲を決め、対価を設定し、使用条件、付帯設備やトレーニング、その後のフォローなど駆け引きをしながら決めていく。ライセンサーである場合もライセンシーである場合も、交渉には相当な労力と時間が必要である。この仕事は前時代的な個別、偶発的で大がかりなものであり、システマチックになっていない。それが世界で技術移転市場が活性化しない大きな原因である。

では、どうすればいいか。技術を特許、ノウハウ、役務提供、設備供与、部品供与、人材育成、メンテナンスなどの項目に分け、それぞれの値決めと契約条件をセットアップして表示する。買い手はそれから選ぶことになるが、すでに買い手が基盤技術を持っていれば特許ライセンスのみで十分であり、フルセットで必要であればフルセットで選ぶ。いわばデパートに陳列するように各種技術項目に値札をつけて表示し、契約条件も標準化する。

これにより、相手の選定、技術の価値評価、値切り交渉、契約条件交渉などの駆け引きという名の大変なプロセスが不要になる（新興国の人は、ぼられていると警戒するので、信頼関係の構築のような儀式が前提になり、さらに面倒になっていた）。

そうしたデパートへの展示者は日本企業だけではなく、世界のどの国からでも（新興国企業でも技術があれば）参加できるようにし、買い手も先進国、新興国問わずどこからでも買えるようにする（先進国間でも環境技術が流通する意味は非常に大きい）。技術は1社からだけではなく、A社とB社の技術を組み合わせて買うこともできる。新興国の大学も基本技術の提供を受けたあとに、今度は出す側として参加することもできる。これは、新興国の産官学連携を促進することにもなる。

環境技術がメインターゲットだが、それに限定する必要はなく、小型化、軽量化など、従来技術に比べて環境負荷が少なく環境保護に何らかの役に立つ技術は、すべて対象になる。この仕組みにより、政策的な後押しも期待できる。

例えば、国連や政府間調整のもとに最貧国で技術を導入するような場合には、ODAやCDなどを利用することも可能になってくる。対価の透明性については、競争原理を働かせる仕組みにより担保できる。デパートで展示されている商品は、値段の比較がしやすいだろう。また、この技術取引の考え方は、大企業の持つ休眠特許を日本中の企業で使えるようにする仕組みとしても使える。それにより、埋もれている技術が日の目を見るチャンスは、非常に多くなるだろう。

知財を仕事にする人々は「未来の子供たちに青空を」与えるために、そのスキルを使わなければならない。

COLUMN
官民連携

2004年から2010年までの6年間、国際知的財産保護フォーラム企画委員長を務めた。

このフォーラムは世界の知財問題、とりわけ中国の模倣品問題を中心に中国政府に法改正や運用の改善を求めるのが目的で構成された日本の官庁（経済産業省、文部科学省、農林水産省など）と産業界（経団連、日本知的財産協会、各工業会など）が構成する大きな官民連携の組織体である。毎年、官民で代表団を構成し、中国政府を訪問してきた。訪問する半年ぐらい前からどのような要請をするか準備に入るが、拡散する模倣品・海賊版をなんとかしなくてはならないという共通目的での熱心さが参加者すべてにあり、官民の違い、業界、企業による対立といったものは、ほとんどなかった。

2004年5月中旬には70名の第2回官民合同訪中団が組まれたが、5月連休中のある日、経済産業省の人から電話がきた。時間は午前1時過ぎ。いわく「産業界の意見を聞きたい事項がある」。なぜこんな時間にと聞いてみると、「今、経済産業省で会議を行っており、失礼とは思ったが、皆そろっているので」という返事である。彼らが休日の深夜にもかかわらず急ぎの対応会議をしていたのが、よくわかった。

日本の戦略は、このような努力によって支えられている。グローバル産業競争においては、このような官民の連携は日本の強みである。

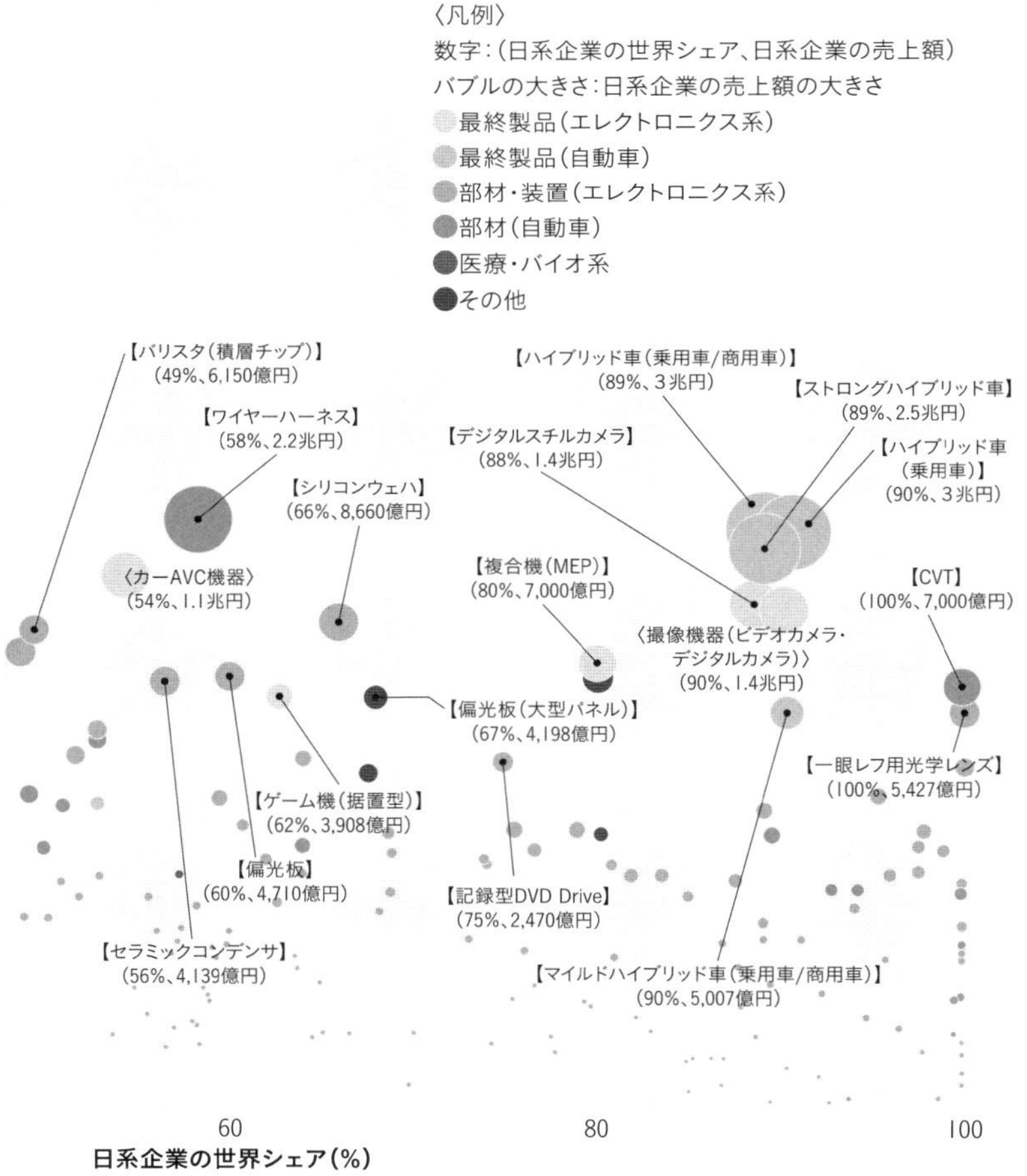
〈凡例〉
数字:(日系企業の世界シェア、日系企業の売上額)
バブルの大きさ:日系企業の売上額の大きさ
最終製品(エレクトロニクス系)
最終製品(自動車)
部材・装置(エレクトロニクス系)
部材(自動車)
医療・バイオ系
その他
【バリスタ(積層チップ)】(49%、6,150億円)
【ワイヤーハーネス】(58%、2.2兆円)
【シリコンウェハ】(66%、8,660億円)
〈カーAVC機器〉(54%、1.1兆円)
【ハイブリッド車(乗用車/商用車)】(89%、3兆円)
【ストロングハイブリッド車】(89%、2.5兆円)
【デジタルスチルカメラ】(88%、1.4兆円)
【ハイブリッド車(乗用車)】(90%、3兆円)
【複合機(MEP)】(80%、7,000億円)
【CVT】(100%、7,000億円)
〈撮像機器(ビデオカメラ・デジタルカメラ)〉(90%、1.4兆円)
【偏光板(大型パネル)】(67%、4,198億円)
【一眼レフ用光学レンズ】(100%、5,427億円)
【ゲーム機(据置型)】(62%、3,908億円)
【偏光板】(60%、4,710億円)
【記録型DVD Drive】(75%、2,470億円)
【セラミックコンデンサ】(56%、4,139億円)
【マイルドハイブリッド車(乗用車/商用車)】(90%、5,007億円)
60
80
100
日系企業の世界シェア(%)

主要先端製品・部材の売上高と世界シェア(2012年)

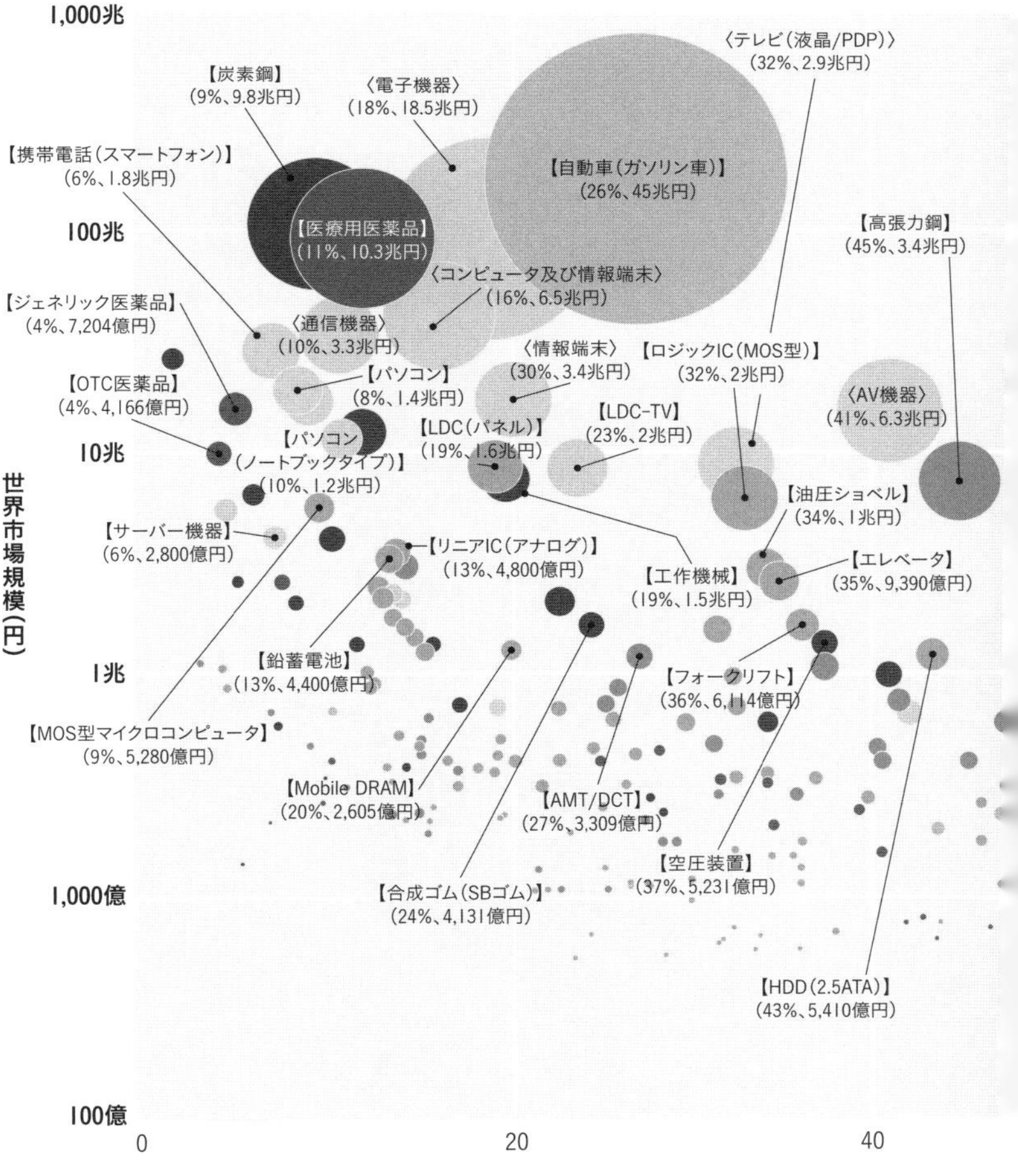

〈出典〉経済産業省「我が国企業の国際競争ポジションの定量的調査」調査結果(富士キメラ総研)

おわりに

知財を学ぶ若者たちやビジネスで知財を使おうとする人たちに向けて、知財の仕事とはどのようなものなのか、実際の経験から紹介することが役に立つかもしれないと思ったことが、この本を書く動機だった。知財の仕事をする楽しさが若い世代に少しでも伝わり、知財の仕事をやってみたいと思う人が増えてくれれば、出版する意味がいささかでもあったことになる。

知財の仕事を専門にするには、実は相当な勉強量が必要である。

文系の人たちは特許法などの法律を学んだ上で、さらに広く浅く技術を理解しなければならない。それは技術の基本知識をきちんと持つということよりも、現代社会において技術がどのように進化しているかを感じ取る心を持て、ということである。技術を初歩でいいからある程度理解し、それから常に関心を持って世界の技術の進化を見続ける心を持てばいい。

理系の人たちは自分の専門分野である、例えば電子工学でも化学でも物理でも、それを自分の強みにして他の技術分野の知識も学び、その上で人間社会を律する法律を基礎から学ばなければならない。知財は、技術と法律の両方の勉強が必要なのである。

こうした、いわば厳しい修行を経て一人前に知財の仕事をするようになると、世界で知財の仕事をしている人たちは皆、同じような勉強をして育ってきていることがわかる。それが実感としてわかるのは、知財の仕事をしている人たちは特殊専門分野のエキスパートとしての仲間意識がごく自然にでき、誰とでも簡単に親しくなるからである。

日本企業の知財部員同士でも、同じである。ライバル企業の社員が知財という共通した言語で話すと、自社の違う部門の社員よりもずっと親しくなるのは、ちょっと不思議な光景でもある。日本企業の人事部門、総務法務部門、事業部門、開発部門ではまずあり得ない。普通、事業部門などでは自社の仕事のことを他社と情報交換をすることはないが、知財部門では当然のように他社と情報交換をし、それにより自社のスキルアップと日本の産業界全体が強くなることを意識する。それだけ勉強が楽しい仕事でもある。

私も、世界中の国に知財ワールドの親友とも呼べる人たちがたくさんいる。欧米や中国だけではなく、ロシアにもアフリカにも南米にもいる。知財の仕事をして一番良かったと思うのは、まさにこの点である。

強い仲間意識がある世界の知財ワールドのメンバーに、本書を読まれる読者の皆さんにも、ぜひ参加してもらいたいと思う。

知財ワールドはまた、女性たちの活躍の場である。新興国で知財を仕事にする女性はとても多く、目立つ存在である。シンガポールは典型的にそういう国で、シンガポール知財庁では、職員の7、8割が女性で、幹部職員はなんと9割が女性だという。10年ほど前だが、シンガポール知財庁の女性の長官に招待されて会食に出たところ、中華料理の丸テーブルに座った幹部は全員が女性、男性はゲストの私一人だった。丸テーブルの会話のうち、半分は出てくる料理の話題で、とても楽しい会食だった。

知財の仕事が女性にとって魅力があるのは、ひとつには勉強量によって最後まで勝負できる世界だからである。２０００年代に日中企業交流として、中国企業の知財部長たちと日本企業の知財部長たちが会合を持つと、中国側の知財部長の大半は若い女性であり、日本のベテランの中高年男性たちと対照的だった。中国でも、知財の仕事はチャレンジングな新しい分野として、若い女性たちに人気のある職種のようである。私の妻は、知財の仕事の可能性について非常に多くのアドバイスをしてくれたが、世界の環境を知財で救うことができないかという発想もそうである。女性が知財の仕事を見ると、従来型ではない新たな発想が多く出てくる。

女性たちや若い人が知財ワールドで活躍するという話は、何も新興国特有のものではない。日本のあらゆる企業が経済連携の進展とともに、これから世界の産業競争に参加していくことになるが、知財部門の人数が少ない企業では、若手でも勉強さえすれば大きな活躍のチャンスが生まれる。ベテランの知財の先輩社員がいないからといって、嘆く必要は全くない。スキルは、他の日本企業の先輩社員から学べばいい。そのような土壌が、知財の仕事にはある。

私がホンダの特許部門に配属になったのは今から40年近く前だが、当時のホンダの特許部門の人数は15人でしかなかった。配属後、私も日本知的財産協会の討論形式の研修や専門委員会に参加することにより、他社の先輩社員たちから多くのことを学んだ。その頃からもうずいぶんと年月が経った今でも、当時知り合いになった他社の先輩社員たちと親しく交流が続いている。企業の垣根を越えた知財の友人たちとの40年にわたる交流、これが日本企業の知財ワールドである。そして、その延長上に世界の知財ワールドがある。

私がアジア代表を務めるIP＊SEVAは、米国のシンシアカナディ弁護士（元アップルライセンス部長）が提唱し、ドイツのベルトラムフーバー弁護士（元ボッシュ知財部長）と私が参加して構成したネットワークだが、その志は、世界の環境に役に立つ技術を知財というツールを利用して、世界がよりうまく使えるようにしようというものである。その仕事を進めながら常に感じるのは、異なる企業や国の出身であっても、知財という世界共通言語を使う楽しさとともに、自分も世界知財ワールドの一員であるという、いい気分である。そのいい気分が、読者の皆さんに伝わってくれればいいのだが……。

久慈直登

2015年5月

知財スペシャリストが伝授する交渉術

喧嘩の作法

2015年6月30日　第1刷発行

[著　者]
久慈直登

[発行者]
布施知章

[発行所]
株式会社ウェッジ
〒101-0052
東京都千代田区神田小川町1-3-1
NBF小川町ビルディング3階
電話:03-5280-0528
FAX:03-5217-2661
http://www.wedge.co.jp
振替00160-2-410636

[ブックデザイン]
TYPEFACE
(AD.渡邊民人 D.小林麻実)

[印刷・製本所]
図書印刷株式会社

ISBN 978-4-86310-149-4 C0032